I0786820

Si quieres contribuir tu perspectiva o ideas a la obra, por favor contáctese con el correo electrónico arriba.

Primera edición: 15 de julio de 2020

El significado del emblema en la portada:
El emblema refleja visualmente los temas principales de esta obra en conjunto con símbolos puertorriqueños. Al centro del emblema se encuentra la bandera de Puerto Rico. La franja roja a la izquierda simboliza la formación de la nación de Puerto Rico y, a la vez, nuestra identidad borinqueña. La franja negra al centro representa el lamento del pueblo; las crisis económicas, políticas y sociales; y la duda de nuestra identidad. El color negro toma la posición central en el emblema porque refleja la condición actual del país. La franja dorada a la derecha representa la esperanza para un mejor Puerto Rico y, a la vez, la promesa de un florecimiento nacional de nuestro país. Las hojas de palmas al exterior del emblema representan una paz perdurable que queremos alcanzar a través de la unidad nacional. Junto con estas hojas de palmas, la flor del flamboyán simboliza la isla puesto que nos hace recordar el paisaje hermoso de Puerto Rico. Gracias a Ransey Joiner por hacer mi concepto del emblema una realidad.

*Para mi familia y
mis amistades, mi
gente, Puerto Rico y
mi Dios*

Esta serie de tratados comenzó como una idea en el 22 de julio de 2019. Ya había comenzado a contemplar nuestra herencia nacional e historia cuando las noticias sobre la inquietud en nuestra isla llegaron a mi oído. Escuché de los disturbios por primera vez gracias a Rebeca López, quien estaba en Puerto Rico al comienzo de las protestas. Los dos respondimos a la situación con discusiones y nos preguntábamos: ¿Qué provocó todo esto? Reconocimos como muchos otros puertorriqueños que estos disturbios no solamente fueron a causa de eventos recientes, sino también fueron causados por años de frustración y cólera contra el gobierno. Mientras que nuestra gente continuaba protestando en las calles de San Juan para sacar a Ricardo Rosselló de su posición, me pregunté qué yo podría hacer.

Aquel 22 de julio, Rebeca se encontró conmigo en los Estados Unidos y continuamos hablando de cómo nuestro pueblo podría enfrentar la condición actual del país. Aunque estábamos en otra tierra lejana con millas de agua entre nosotros y nuestra gente, sentíamos su dolor. Esto fomentó el deseo de hacer algo. Queríamos vigorizar audacia y sabiduría para la revolución que vendría.

Mientras que consideraba lo que ocurría, sentí que debía redactar una obra que pudiese educar, informar e inspirar a los puertorriqueños en cómo abordar los problemas actuales de nuestro gobierno. Me vinieron a la mente las siguientes preguntas: "¿Deberíamos sacar Ricardo Rosselló de su posición gubernamental? Si lo sacamos, ¿qué deberíamos hacer después? Y ¿a quién deberíamos elegir como nuestro próximo líder?" Cuando comencé a escribir esta serie de tratados, encontré que estas preguntas serían contestadas antes de que yo las pudiese contestar. Sin embargo, deseaba analizar los eventos alrededor de Ricardo Rosselló y también determinar qué personas serían líderes buenos para un gobierno republico-democrático como el de Puerto Rico.

En fin, esta serie fue creada con todo eso en mente. Su organización es simple. El primer tratado contiene ciertos aspectos con respecto a la teoría política, los cuales tienen dos propósitos: proponer qué características hacen que los líderes de repúblicas democráticas sean virtuosos y discutir cómo los miembros de la sociedad deben interactuar con sus líderes. El segundo tratado comienza con la historia de Puerto Rico y subsiguientemente aplica material del primer tratado para examinar a Ricardo Rosselló, el gobernador de Puerto Rico durante los años 2017-2019. La meta del segundo tratado es determinar si Rosselló fue un líder virtuoso. Después de investigar a Rosselló, este tratado llega a un veredicto sobre si fue justo sacar a Rosselló de su posición. Por último, el tercer tratado pide a todos los puertorriqueños que examinen su papel de ciudadano y provee sugerencias de cómo ciudadanos pueden tomar pasos a un nivel personal para mejorar la condición de Puerto Rico.

Durante el proceso, conversé con mucha gente y, aunque el contenido de esta serie es amplio, espero que la serie pueda continuar siendo una obra colaborativa.

Gracias a todos que me ayudaron con esta serie de tratados. Gracias al médico Dr. Raúl E. López Vergé por su contribución a la versión en inglés y en español en términos del contenido, la organización, el estilo y la gramática. Gracias al licenciado José M. Pérez Villanueva por dar sus recomendaciones sobre el primer borrador de la obra con respecto a su contenido y organización. Gracias a la periodista feminista y locutora ancla en Radio Universidad de Puerto Rico, María Cristina, por sus sugerencias acerca del contenido de la obra. También su contribución al estilo y la gramática de la versión en español fue muy esencial. Gracias a la tecnóloga médica Grisel D. Rodríguez, Priscilla Jiménez y Kathleen Lugo por su ayuda con esas áreas confusas, respecto al estilo y la gramática, de la versión en español. Gracias a Felipe R. Kerschbaum, Anthony Williams Rivera y Epifanio Torres por leer el primer borrador de la serie y por proveer sus sugerencias y comentarios sobre el contenido, la organización y el estilo. Por último, gracias especialmente a Rebeca López, quien estaba a mi lado por casi todo el proceso y quien me retó a pensar más profundo del contenido de la obra. Sin cada uno de ustedes la obra no sería lo que es.

El primer tratado: Los líderes de un gobierno democrático

La relación entre gobiernos y ciudadanos ha existido desde el principio de las sociedades humanas. Muchos pensadores desde Aristóteles hasta Hannah Arendt han articulado su punto de vista político; algunos han mantenido el statu quo, mientras que otros han afrontado gobiernos. Muchos filósofos políticos han propuesto teorías sobre el origen del gobierno, algunos de ellos siendo John Locke y Jean-Jacques Rousseau. Locke, igual que Rousseau, pensó que los seres humanos vivieron originalmente en un estado donde tenían "libertad perfecta" para actuar en conforme con sus deseos y desechar sus propiedades como querían.[1][a] Además, ambos pensadores afirmaban que personas correctamente decidieron unirse bajo un contrato social y político. Los seres humanos entendieron que entrar en una sociedad[b]

---

[1] John Locke, *The Second Treatise of Government* (1690; reimp. de New York: Barnes & Noble, 2004), 3.

[a] Todas las traducciones son nuestras, a menos que se indique lo contrario.

[b] En esta obra, se usa *sociedad*, conforme a la teoría política, para denotar a una comunidad unida

gobernada por un contrato sería mejor que exigir su propio esfuerzo y poder para mantener los dos derechos principales y naturales que cada individuo tiene que son: preservar sus propiedades y adquirir posesiones.[2] Estas propiedades son, en las palabras de Locke, la vida, las libertades y las posesiones de cada persona.[3][c] Para formar una sociedad, personas renunciaron ciertos derechos naturales para ganar derechos civiles.[4] Estos derechos nuevos darían a las personas suficientes libertades y posesiones necesarias para que pudiesen preservar sus vidas cooperativamente.[5] Es más, cada persona entre la sociedad estaba de acuerdo con la voluntad general y consensual, es decir, la voluntad de proteger mutualmente los derechos de los

---

bajo algún contrato social y político. También *sociedad* se refiere colectivamente a las personas que constan de un cuerpo civil y a aquellos que constan de un cuerpo civil y gubernamental.

[2] Locke, 3, 46-47; Jean-Jacques Rousseau, *The Social Contract*. Trad. por Maurice Cranston (1762; reimp. de New York: Penguin Books, 2006), 20-21.

[3] Locke, 46.

[c] Ejemplos de posesiones son tierra y otros recursos físicos.

[4] Rousseau, 20-21.

[5] Véase Locke, 27.

demás,[6] de respetar mutualmente los derechos de los demás[7] y de mantener el bienestar de la sociedad. Por este propósito, la sociedad estableció un gobierno que mantendría esta voluntad sobre la voluntad e interés personal de los individuos. Cada persona de la sociedad consta del cuerpo civil; los que son líderes[d] constan del cuerpo civil y gubernamental. En términos generales, el gobierno creó leyes, impuso leyes y mantuvo las leyes. Todos los ciudadanos[e] bajo el gobierno fueron obligados a obedecer las leyes.

Al igual que en las sociedades del pasado, los líderes del gobierno se han enfocado en cumplir las tareas de crear, imponer y mantener las leyes. En una república democrática, las tres ramas —la legislativa, la ejecutiva y la judicial— fueron creadas para satisfacer cada una de esas tres tareas respectivamente. Para cada una de estas ramas, los líderes son escogidos por los miembros de

---

[6] Locke, 46.

[7] Rousseau, 24.

[d] Luego de este punto, refiero a los *líderes* también como las *personas del gobierno*.

[e] Un *ciudadano* refiere a una miembro de la sociedad, a pesar de que si ocupa una posición gubernamental o no.

la sociedad, por voto directo[f] o por voto electoral.[g] En el caso de una república democrática, ¿quiénes deberían ser escogidos como los líderes? Los líderes deberían ser esas personas quienes mejor reflejan al pueblo.[h] Además, deberían tener un *ethos, pathos* y *logos* similar al del pueblo para poder lograr su voluntad.

---

[f] El voto directo consta de votos hechos por los ciudadanos.

[g] El voto electoral se refiere a los votos hechos por representantes de los ciudadanos, es decir, por funcionarios electos del gobierno o miembros de un colegio electoral.

[h] Aunque *pueblo* tiene un significado similar a *sociedad*, no uso *pueblo* como un sinónimo de *sociedad*. En mi opinión, la palabra *pueblo* captura, mejor que *sociedad*, la idea de una comunidad nacional unida bajo costumbres y una cultura común. Por esta razón, uso *pueblo* para referir a los miembros del cuerpo civil, es decir, la gente común de una nación como, por ejemplo, los puertorriqueños. También es importante notar que en esta obra *pueblo* no refiere a los que constan del cuerpo gubernamental, es decir, los *líderes*. En los casos cuando se encuentra *pueblo* junto con la palabra *voluntad*, *pueblo* refiere a la gente de una nación y *voluntad*, el interés general y consensual de esa gente, el cual mencione anteriormente.

Tradicionalmente, *ethos, logos* y *pathos* han sido asociados con la retórica. Sin embargo, en esta serie de tratados he modificado estos tres conceptos para poder describir la identidad de los líderes y del pueblo. Tomando los tres como base, podemos entender plenamente sus identidades y determinar por qué las personas en el gobierno fallan en reflejar al pueblo y fallan en promover y mantener su voluntad colectiva.

El *ethos* representa la cosmovisión y el carácter de cada ciudadano. La cosmovisión es la perspectiva de la vida que es continuamente moldeada por la sociedad. Cada cosmovisión tiene consigo posiciones filosóficas, morales y sociales. Estas posiciones influyen en opiniones de otras áreas como la economía y la política. La cosmovisión es el fundamento del carácter. Por su parte, el carácter demuestra un compromiso a una cosmovisión particular. Por esto, las características de un individuo reflejan su cosmovisión. La cosmovisión y el carácter se complementan y se solidifican.

El pueblo debería modelar diariamente el *ethos* que ellos quieren que sus líderes tengan. Además, deberían mantener a las personas del gobierno responsables en cuanto a tener un *ethos* similar. Si los líderes lo tienen, el pueblo los vería con familiaridad y confianza. Si ellos creen que las personas del gobierno no tienen un *ethos* similar, el pueblo debería hacer tres cosas: examinar si ellos mismos han modelado precisamente el *ethos* deseado para sus líderes, evaluar detalladamente el *ethos* de las personas del gobierno, y analizar si los líderes están de acuerdo de ser responsabilizados. Sabemos que sería improbable que los dos grupos tengan exactamente el mismo *ethos* y, por eso, deberíamos reconocer que a veces ambos tendrían que alcanzar una solución intermedia en algunos asuntos para poder promover el bienestar de la sociedad. Si hay aspectos de los *ethos* que son demasiados distintos, conflictos ocurrirían entre los dos grupos. Sin embargo, cuando los *ethos* de ambos están alineados, la sociedad llegará a ser más estable que antes. Si, después de observar a sus líderes, el pueblo descubre que sus líderes se oponen a los intentos del pueblo en mantenerlos responsables, el pueblo debería tomar pasos para sacar a estas personas de sus posiciones gubernamentales.

Las personas del gobierno deberían tener la cosmovisión y carácter que promueve la voluntad general del pueblo. Si su *ethos* no se alinea con la del pueblo, el pueblo y los líderes van a estar en desacuerdo frecuentemente. Por esta razón, en vez de pelear entre sí, deberían colaborar para mantener el bienestar de la sociedad. Si los líderes se resisten en colaborar, entonces el pueblo va a sentir que sus representantes promueven ideas diferentes a las suyas. Si las personas del gobierno consistentemente promueven ideas que no concuerdan con las del pueblo, los intereses del gobierno van a chocar con la voluntad colectiva y eventualmente podrán sustituirla. Al final, el propósito del sistema gubernamental será reemplazado con un propósito nuevo: cualquiera que los líderes deseen. Disputarán entre sí para implementar sus proprios deseos. Todo esto resultará en un colapso de la sociedad, porque el gobierno ya no está uniendo a sus ciudadanos bajo la voluntad general y consensual. Por lo tanto, cuando el pueblo y las personas del gobierno comparten un *ethos* similar, es más probable que la voluntad general se mantenga.

El *logos* está asociado con información, y consta de conocimiento y experiencia. El conocimiento es la información retenida que se usa en el presente y que se usará en el futuro, mientras que la experiencia es el uso de esta información y las enseñanzas aprendidas. Los ciudadanos, mediante el uso del conocimiento, obtienen experiencia. Igual que los componentes del *ethos*, el conocimiento y la experiencia son interdependientes.

Si las personas del gobierno tienen el conocimiento y la experiencia necesarios para cumplir sus posiciones gubernamentales, usualmente logran ser buenos líderes, porque pueden reconocer cómo minimizar errores y cómo mantener la voluntad colectiva. Asegurarán una duración larga de leyes deseadas y costumbres loables, como también fomentar nuevas ideas, leyes, convicciones, metodologías y metas. Además, conocimiento y experiencia ayudan a las personas del gobierno a comunicar efectivamente. El *logos* que los lideres debería obtener no solamente es el que los ayuda a tener éxito en sus posiciones gubernamentales, pero también es ese que los reta a refinar el sistema gubernamental para el bienestar de los ciudadanos.

A la vez, el pueblo debería conocer qué caracteriza líderes buenos, porque tal entendimiento le ayudará saber a qué estándar deberían poner sobre sus líderes. Cuando el pueblo aplica este conocimiento, obtiene experiencia en cómo escoger personas loables para gobernar. También los ciudadanos deberían saber las leyes y las políticas del estado y tener experiencia con estas, puesto que fueron creadas para mantener la voluntad general. Como resultado, cada miembro de la sociedad podría proteger sus derechos civiles; también podría determinar si las personas del gobierno están obedeciendo las leyes y las políticas establecidas. Si ellos están actuando en contra de estas, también están oponiendo la voluntad colectiva. Si esto ocurre, el pueblo debería derrocar tales líderes.

El *logos* afecta al *ethos* respecto a la cosmovisión. El conocimiento y la experiencia dan forma a la cosmovisión de los ciudadanos y refuerzan las convicciones o las eliminan para unos mejores. Igualmente, el *ethos* puede afectar al *logos*. La cosmovisión dentro del *ethos* es la base con que los ciudadanos interpretan información y eventos. Filtra la información que los ciudadanos adquieren o quieren adquirir. También ayuda a los ciudadanos determinar qué retener. Tomando esto en cuenta, todos los ciudadanos deberían cultivar una cosmovisión abierta a interactuar con avenidas amplias de información.

Igual que con el *ethos*, el *logos* del pueblo y de los líderes deberían coincidir para que, cuando ambos grupos colaboren, puedan lograr la voluntad colectiva.

Las personas del gobierno deberían tener su *pathos* similar al del pueblo. En general, el *pathos* se refiere a la expresión de emoción. Estas emociones siempre tienen algo o alguien en su foco. Cuando pensamos en el *pathos*, rápidamente imaginamos emociones básicas como tristeza, enojo, temor y alegría.[8] Cada una de estas emociones son apropiadas para situaciones diferentes, pero ¿son todas las emociones apropiadas o racionales? Después de evaluar el artículo de Phillip Shaver et al., he reconocido que existen varias emociones que son indeseables e injustificadamente irracionales.[9] Algunas de estas emociones son:

---

[8] Para ver una lista detallada sobre emociones primarias y secundarias, positivos y negativos, consulta *figure 1* de Phillip Shaver et al., "Emotion Knowledge: Further Exploration of a Prototype Approach", *Journal of Personality and Social Psychology* 52, n.º 6 (June 1987): 1067, acceso el 29 de agosto de 2019, https://psycnet.apa.org/doiLanding?doi=10.1037%2F0022-3514.52.6.1061.

[9] Véase Shaver et al., 1067.

amargura, irritación, depresión, mal humor e indiferencia, solo para mencionar algunas.[i] Estas emociones y otras similares pueden perjudicar al pueblo y los líderes, porque impiden que toda la sociedad o nación prospere. Por eso, defiendo en esta serie de tratados que los ciudadanos deberían querer un *pathos* que consta de las emociones que cultivan y unen a los ciudadanos dentro de una sociedad o nación.

El pueblo posee sentimientos hacia las personas del gobierno y sus productos. Al pueblo le importa qué dicen las personas del gobierno y cómo lo dicen. Además, le importa qué los líderes hacen y cómo lo hacen. ¿Por qué? Porque los "qué" y los "cómo" demuestran quiénes realmente son los líderes. El pueblo estaría más inclinado en apoyar las personas del gobierno si el pueblo piensa que ellos son aptos para dirigir; si no, el pueblo los rechazaría. Por eso, las personas del gobierno deberían estar pendientes de qué piensa el

---

[i] Nota que muchas de estas emociones son secundarias. Además, las he etiquetado como emociones indeseables e injustificadamente irracionales, porque en todos de los contextos, o al menos la mayoría, estas emociones son desventajosas e improductivas.

pueblo de ellos y, como consecuencia, deberían mantenerse responsables a la voluntad general y sostenerla sin mucha queja. También deberían poseer esas emociones que valúan al pueblo y que demuestran respeto hacia la voluntad general.

El *pathos* y el *logos* se interactúan. Por un lado, el *pathos* aumenta el razonamiento que viene del *logos*, cuando estos trabajan cooperativamente para evaluar información. Mutuamente, el *logos* afecta al *pathos*, porque ayuda a los ciudadanos a saber cómo usar discreción para sus emociones. Por otro lado, el *pathos* puede enturbiar el razonamiento del *logos* cuando el primero se convierte en el único o principal filtro con que los ciudadanos analizan información. El *logos* también puede ocultar al *pathos*, causando que los ciudadanos, los cuales enfatizan al *logos*, se parecen insensibles. Por lo tanto, los ciudadanos deberían mantener un equilibrio entre su *pathos* y su *logos*.

El *pathos* se alimenta del *ethos*. Específicamente, el *pathos* surge del carácter del *ethos*. Los seres humanos pueden ser irracionales y, por eso, a veces tienen estadillos de emociones que no representan su carácter real. Estas expresiones de emociones negativas pueden venir aun de los mejores ciudadanos, y pueden cubrir su *ethos* laudable por un tiempo. Por el otro lado, los ciudadanos más infames pueden demonstrar un *pathos* encomiable, haciéndonos creer que ellos tienen un *ethos* bueno. Entonces, ¿cómo podemos distinguir cuales ciudadanos tienen un *pathos* y *ethos* loable? Lo hacemos cuando evaluamos sus constancias. Si un ciudadano constantemente demuestra los *pathos* y *ethos* debidos, este debería tenerlos verdaderamente. Si no los demuestra consistentemente, pues no los tiene. Además, podemos diferenciar los ciudadanos buenos y malos cuando desafiamos sus *pathos* y *ethos*, porque los retos iluminarían qué tipo de *pathos* y *ethos* realmente tienen.

Cuando el pueblo y las personas del gobierno tienen unos *ethos*, *logos*, y *pathos* similares, ambos pueden cumplir la voluntad general juntos. El *ethos* se basa en los valores bien establecidos y la ejecución de estos valores. El *logos* se refiere a la retención de información y al uso de información. El *pathos* se consta de emociones laudables. Los *ethos*, *logos*, y *pathos* apropiados, que todos los ciudadanos deberían tener, son esos que los motivan a mantener el bienestar de su sociedad o nación. Además, los líderes verdaderamente reflejan al pueblo y su voluntad colectiva cuando la identidad de ambos son análogos. Cuando sus identidades no lo son, las personas del gobierno fallan en reflejar al pueblo y su voluntad. Como tienen identidades distintas, tienen enfoques distintos, y cuando los enfoques se distinguen, conflictos resultarán entre el pueblo y los líderes. ¡No deseamos un fin donde los líderes y el pueblo tienen discordia!

El segundo tratado: Las depresiones puertorriqueñas y el caso práctico de Ricardo Rosselló

Ser sospechado ampliamente por su pueblo [es] el estado más peligroso en que [los líderes] se pueden poner.
–Locke, El segundo tratado sobre el gobierno civil

Sería una subestimación decir que Puerto Rico se ha puesto recientemente en un estado de inestabilidad. Después de evaluar la historia de Puerto Rico desde mediados de 1800 hasta el presente, he notado que la isla ha sufrido cinco depresiones económicas, sociales y políticas.[j] Todas varían en severidad, pero son semejantes con respecto a sus cualidades y sus eventos internos. Cuatro de ellos sucedieron aproximadamente durante los años 1830-1870, 1880-1890, 1930-1950 y 1964-2000. La quinta está ocurriendo actualmente.

Entiendo que la historia fluye sin segmentos; sin embargo, creo que categorizándola en periodos nos ayuda a examinar cómo los

---

[j] Aunque menciono cinco depresiones, no significa que solamente hay cinco; podría haber más. Elaboro sobre estas, porque juntos demuestran un patrón de la condición oneroso de Puerto Rico.

detalles dentro de cada uno relacionan con los de los demás. Además, la razón para discutir las primeras cuatro depresiones es para dar a los puertorriqueños los antecedentes para entender la inestabilidad actual de Puerto Rico, específicamente los eventos relacionados con la revuelta contra Ricardo Rosselló.

Durante los 1830 hasta los 1860 Puerto Rico estaba amargo contra España y las políticas que impusieron sobre la isla. Como respuesta, el gobierno español pidió a Puerto Rico que enviara emisarios a España para que pudiese participar en la Junta Informativa de Ultramar de 1866. Los españoles anticiparon que esta iniciativa podría pacificar a los puertorriqueños y sus sentimientos negativos contra España.[10] Podemos suponer que los emisarios puertorriqueños esperaron que la relación entre Puerto Rico y España podría ser reconciliada; sin embargo, la Junta de Ultramar rechazó las propuestas hechas por estos emisarios porque sus reformas se veían demasiado radicales.[11] Al regresar con las manos vacías, los

---

[10] José A. Gautier Dapena, *Trayectoria del pensamiento liberal puertorriqueño en el siglo XIX* (España: Instituto de cultura puertorriqueña, 1963), 34-39.
[11] Gautier Dapena, 39.

puertorriqueños confirmaron sus sospechas de que España no estaba genuinamente interesada en el beneficio de los puertorriqueños.

Puerto Rico estaba económica, social y políticamente en pobreza. No tenía suficiente comercio y bienes; por lo tanto, dependían fuertemente de importaciones. Los puertorriqueños percibían que las autoridades españolas estaban restringiendo sus libertades. También sentían que no tenían representación ante el gobierno español.[12] Cuando un huracán impactó la isla en 1867, Puerto Rico no pudo estabilizarse, por falta de fondos.[13] Todos estos factores incitaron a que los independentistas y separatistas pelearan en 1868 contra los españoles que estaban en la isla. Esta revolución llegó a ser llamada el Grito de Lares. Aunque las autoridades españolas en la isla derrotaron los revolucionarios,[14] ellos dieron una impresión fuerte y positiva a los puertorriqueños.

---

[12] Lidio Cruz Monclova, *El grito de Lares*, Libros del pueblo, n.º 8 ([¿España?]: Instituto de cultura puertorriqueña, 1968), 14-16.

[13] Cruz Monclova, 14.

[14] Cruz Monclova, 31-36.

En las últimas dos décadas del siglo XIX, los autonomistas, quienes creyeron en la autonomía municipal, comenzaron a avanzar sus ambiciones políticas. En 1891 el líder autonomista Luis Muñoz Rivera consiguió alianzas en España para el Partido Autonomista de Puerto Rico con las cuales esperaba promover la autonomía para la isla. Inesperadamente, en 1897 su alianza primaria, Práxedes Mateo Sagasta, se hizo el líder de España. A beneficio de Muñoz Rivera, Mateo Sagasta creó un estatuto para proveer la autonomía de Puerto Rico; este documento fue llamado la Carta Autonómica. En la última porción de ese mismo año, el gobierno español informó al gobernador de Puerto Rico sobre la Carta Autonómica para que pudiese implementarla; sin embargo, la guerra hispanoamericana retrasó la inauguración del documento hasta el 17 de julio de 1898.[15]

Mientras que los españoles estaban tratando de reformar al gobierno puertorriqueño, la facción separatista e independentista decidió unirse a los cubanos en su pelea por la libertad.[16]

---

[15] Arturo Morales Carrión, *Puerto Rico: A Political and Cultural History* (New York: W.W. Norton, 1983), 120, 125.
[16] Morales Carrión, 120.

Los revolucionarios puertorriqueños fueron vigorados por la revolución cubana, por su propia decepción con los españoles y por el Grito de Lares de 1868. Entristecidos por la condición actual de su isla, querían más libertades de las que los autonomistas pedían de España. Como consecuencia, la facción conspiró contra los españoles en Puerto Rico. (Esta trama se convirtió en la intentona o el motín de Yauco). Sin embargo, el gobernador de Puerto Rico se enteró y en seguida detuvo el ataque.[17] Hay poca duda de que los autonomistas estaban aliviados en saber que los revolucionarios habían sido detenidos y que Puerto Rico todavía estaba en buenas relaciones con el gobierno español porque, si no, la Carta Autonómica podría haber sido revocada. Debido al grupo de autonomistas puertorriqueños, Puerto Rico fue concedido la libertad de gobernarse, mientras que retenía su relación con España. Por fin, la isla recibió algunas reformas positivas.

---

[17] Héctor Andrés Negroni, *Historia militar de Puerto Rico*, Colección Encuentros (España: Sociedad Estatal Quinto Centenario, 1992), 306-307, https://www.google.com/books/edition /Historia_militar_de_Puerto_Rico/kukMAQAAM AAJ?hl=en&gbpv=1.

En la isla adyacente, la afrenta cubana contra España se convirtió en la guerra hispanoamericana de 1898, la cual comenzó y terminó ese mismo año. Por la ayuda del ejército de los Estados Unidos, Cuba se liberó del poder español.[18] Después de garantizar la libertad para Cuba, el ejercito EE.UU. capturó a Puerto Rico.[19] Los Estados Unidos tomó a Puerto Rico el 25 de julio de 1898, ocho días después de que la Carta Autonómica fuera establecida.[20] Otra vez, la esperanza para la autonomía puertorriqueña fue derrumbada.

Aun antes de que los Estados Unidos adquirió a Puerto Rico de España como colateral de la guerra hispanoamericana, los puertorriqueños parecían ser amables hacia los estadounidenses. Los borincanos querían que un país gobernado por la gente los guiara hacia la democracia; esperaban que los Estados

---

[18] Véase Morales Carrión, 129, 135; también vea César J. Ayala y Rafael Bernabe, *Puerto Rico in the American Century: A History since 1898* (Chapel Hill, NC: University of North Carolina Press, 2007), 14.

[19] Véase Cayetano Coll y Toste, *La invasion americana en Puerto Rico*. Ed. por Julio Mejorada Cejudo (Madrid, España: Artes Gráficas Corrales, 1974), 39-44.

[20] Morales Carrión, 125.

Unidos fuese ese país patrocinador.[21] Sin embargo, ciertos factores causaron que los puertorriqueños se disgustaran con ese país.

Alrededor de 1860 a 1890, cafeteros y hacendados tuvieron un periodo de riqueza, pero, después que Puerto Rico se hizo parte de EE.UU., perdieron sus importadores principales: Cuba, España y otros países europeos.[22] Además, "tenían que competir en el mercado de los Estados Unidos que ya tenía bien establecido el café brasileño".[23] Por eso, la producción del café puertorriqueño empezó a decaer en la década 1910.[24] Por otro lado, la industria puertorriqueña del azúcar prosperó por su nuevo acceso al mercado libre de EE.UU., el país que más importaba el azúcar puertorriqueño.[25] Mientras que los estadounidenses continuaban promoviendo sus visiones capitalistas y democráticas, los puertorriqueños comenzaron a preguntarse: "¿Qué será la relación entre nosotros y los Estados Unidos?". A causa de esto, se formaron partidos políticos puertorriqueños

---

[21] Ayala y Bernabe, 15.
[22] Morales Carrión, 137; Ayala y Bernabe, 19.
[23] Ayala y Bernabe, 19.
[24] Ayala y Bernabe,19-20.
[25] Morales Carrión, 137-138.

que promovían la anexión gradual de Puerto Rico a EE.UU. con el fin de ser un estado.[26] Los autonomistas, quienes ya se habían establecido antes de la ocupación estadounidense, continuaron promoviendo sus ideas. Mientras tanto, los separatistas e independentistas promovieron su causa.[27] Los puertorriqueños, a través de la isla y hasta en los mismos partidos, estaban divididos acerca de cómo debería ser la relación entre Puerto Rico y EE.UU.[28] Al mismo tiempo, el racismo que vino de los estadounidenses estaba deteniendo la incorporación de Puerto Rico a la Unión norteamericana.[29] Debido a esto, los que deseaban la anexión se desilusionaron. Por el otro lado, el Tratado de Paris de 1898, el que terminó la guerra hispanoamericana, declaró que los puertorriqueños no tenían derechos naturales para gobernar su isla,[30] así que los

---

[26] Ayala y Bernabe, 20.

[27] Ayala y Bernabe, 23.

[28] Ayala y Bernabe, 23; véase Ché Paralitici, *Historia de la lucha por la independencia de Puerto Rico: Una lucha por la soberanía y la igualdad social bajo el dominio estadounidense* (Río Piedras, PR: Publicaciones Gaviota, 2018), 37-40.

[29] Para ejemplos sobre cómo el racismo americano influenció a las pólizas coloniales, véase Ayala y Bernabe, 30-32.

que deseaban independencia total de EE. UU. o autonomía bajo EE. UU. también se desilusionaron. En adición al sufrimiento causado por el prejuicio racial y la supresión política de los estadounidenses, los puertorriqueños experimentaron una contracción económica que comenzó por el huracán San Ciriaco en agosto de 1899. Esta tormenta derrumbó la isla, destruyó las cosechas y tomó las vidas de miles de personas.[31] Un año después, los Estados Unidos, sin titubeo, comenzó a reemplazar el peso puertorriqueño con el dólar americano.[32] Este cambio de dinero y la devaluación de la moneda puertorriqueña afectó a los puertorriqueños de manera negativa. No obstante, antes de que los borincanos pudiesen pensar en rebelarse, los políticos de EE. UU. sugirieron al gobierno estadounidense que dejara a Puerto Rico importar bienes sin tarifas.[33] El gobierno concedió, y resultó en la

---

[30] Treaty of Paris (Tratado de Paris), EE.UU. - España, art. IX, ¶ 2, 10 de diciembre de 1898, 30 Stat. 1754.

[31] Morales Carrión, 150.

[32] Charles H. Allen, *First Annual Report of Governor of Puerto Rico* (Washington, D.C.: Government Printing Office, 1901), 65.

[33] Morales Carrión, 150.

creación de la Ley Foraker de 1900. Por causa de esta legislación, Puerto Rico recibió acceso al mercado libre de Estados Unidos,[34] pero también restringió su participación en mercados de otros países. A pesar de que la tensión entre Puerto Rico y Estados Unidos se estaba formando, los EE.UU. pudo desviar un levantamiento en la isla por algunos alivios económicos que proveyó a Puerto Rico.

Ya que Puerto Rico recibió acceso al mercado libre de los Estados Unidos, compañías americanas obtuvieron acceso a Puerto Rico. Estas compañías empezaron a invertir en la industria azucarera puertorriqueña y, a la vez, reemplazaron los inversores europeos.[35] ¿Cuáles fueron los resultados después que las compañías americanas expandieron y capitalizaron la industria azucarera en la isla? Primero, las compañías propietarias, quienes invirtieron en esta industria, eran dueñas de 29% del terreno cultivable en la isla desde el año 1917.[36]

---

[34] Ayala y Bernabe, 33.

[35] "Sugar in Puerto Rico", *Enciclopedia de Puerto Rico*, 15 de septiembre de 2014, acceso el 19 de septiembre de 2019, https://enciclopediapr.org/en /encyclopedia/sugar-in-puerto-rico/.

[36] Morales Carrión, 216-217.

Gradualmente, estas compañías llegarían a ser dueñas de 59% de las riquezas de Puerto Rico.[37] Segundo, Puerto Rico se hizo muy dependiente de la industria azucarera para mantener su economía desde el año 1900 hasta la década 1930. Para reforzar esta industria, el capital americano fundó la construcción de carreteras y mejoró las asistencias médicas y la educación.[38] Puerto Rico parecía como si había comenzado a lograr algún progreso civil, todo gracias a los Estados Unidos. A la vez, el gobierno estadounidense empezó a "americanizar" a Puerto Rico.[39] Por ejemplo, los EE. UU. envió maestros americanos a Puerto Rico. Como parte de su currículo, obligaron a los niños que aprendieran el inglés. Los puertorriqueños respondieron a tales acciones con rencor contra los Estados Unidos, y muchos condujeron protestas.[40]

Antes de la Primera Guerra Mundial, las compañías azucareras en Puerto Rico obtuvieron muchas ganancias a través de la Ley Foraker de 1900. En los años después de esta guerra, las industrias de Puerto Rico

---

[37] Morales Carrión, 217.
[38] Véase Morales Carrión, 213.
[39] Morales Carrión, 213.
[40] Paralitici, 44.

parecían que estaban prosperando. Sin embargo, alrededor de 1917 la industria de azúcar empezó a colapsar gradualmente después de adquirir una gran porción de la tierra y riqueza de Puerto Rico. La Gran Depresión aceleró este colapso económico en la isla.

Cuando los Estados Unidos fue golpeado por la Gran Depresión en la década de 1920 al 1930, Puerto Rico también se afectó. La Depresión en la isla se empeoró a causa del huracán San Felipe de 1928.[41] San Felipe arrasó la agricultura, especialmente los productos del azúcar y el café, mató a cientos de personas, y trajo enfermedades y más pobreza a la isla.[42] Como los propios Estados Unidos estaba pasando por la Depresión, ayuda para Puerto Rico estaba fuera del alcance.

Al principio de la década 1930, muchos puertorriqueños estaban desempleados por causa de la crisis.[43] Otros reconocieron las cargas de las compañías azucareras y, por esto, empezaron a protestar. Demandaron alivio y

---

[41] Morales Carrión, 212.
[42] Morales Carrión, 212, 216.
[43] Ayala y Bernabe, 96.

mejor paga.[44] Estas huelgas llegaron a su pico en 1934.

Justo antes del año 1934, los miembros del Partido Nacionalista de Puerto Rico se organizaron bajo el liderazgo de Pedro Albizu Campos.[45] Aunque los partidos independentistas y nacionalistas fueron débiles y desorganizados antes de los años 30, Albizu Campos pudo fortalecer los nacionalistas con sus ideales y tácticas "radicales".[46] Su deseo era que su partido tomara "'acción inmediata' [...] aun usando la violencia de ser necesaria para lograr la independencia de la patria".[47] Hablando de Pedro Albizu Campos, José "Che" Paralitici dijo lo siguiente:

> En la presidencia [del Partido Nacionalista de Puerto Rico] Albizu Campos comienza una fuerte campaña en contra de los grandes intereses económicos estadounidenses en Puerto Rico y a favor de la clase trabajadora del país. En el

---

[44] Ayala y Bernabe, 96.
[45] Paralitici, 74.
[46] Paralitici, 71.
[47] Paralitici, 74.

mismo 1930 criticó y llamó la atención sobre los monopolios [del] mercado [americano] en Puerto Rico y sostuvo que los puertorriqueños carecían de poderes para afrontar tal situación [bajo estos monopolios] [...] estas manifestaciones de Albizu Campos [...] denota la política que llevará desde entonces el Partido Nacionalista tanto en contra del poder económico como del político que los Estados Unidos imponía sobre Puerto Rico.[48]

Pedro Albizu Campos fue un nacionalista que creía fuertemente en ayudar los obreros puertorriqueños, como los trabajadores azucareros, y en librar a Puerto Rico del monopolio y los poderes imperialistas estadounidenses. Por lo tanto, decidió participar en las elecciones de 1932 porque pensó que el Partido Nacionalista había recibido un respaldo de la mayoría de los puertorriqueños. Aunque no es claro si el

---

[48] Paralitici, 75.

Partido Nacionalista estaba en la boleta electoral de ese año,[49] es seguro que el partido se sintió desairado por los resultados de las elecciones. Juan Antonio Corretjer declaró que el gobierno de los Estados Unidos, con sus alianzas políticas, no permitió que el Partido Nacionalista entrara en la arena política en los 30.[50] Como respuesta a esta aparente oposición, Albizu Campos aprobó la toma de armas para la causa nacionalista.[51] Aunque las convicciones de Albizu Campos parecen radicales, deberíamos entender que este "nacionalismo estaba dentro de la lucha reivindicativa de su derecho a lograr la independencia de Puerto Rico aun con las armas, como la inmensa mayoría de los pueblos del mundo lo habían conseguido para salir del yugo colonial".[52]

A la vez, Luis Muñoz Marín, hijo de Luis Muñoz Rivera, participaba en la política. Según Morales Carrión "[Muñoz Marín] criticó las políticas americanas, pero [a diferencia de Pedro Albizu Campos, él] no vio a los Estados Unidos como el enemigo".[53] A

---

[49] Cf. Morales Carrión, 223 y Paralitici, 78.
[50] Paralitici, 80.
[51] Paralitici, 88.
[52] Paralitici, 92.

pesar de que se ha pensado que, al principio de su carrera política, Muñoz Marín deseó la independencia puertorriqueña, quería más que nada traer oportunidades económicas y reformas a Puerto Rico:[54] "quería encontrar fuentes nuevas para riquezas y empleo" fuera de la industria azucarera.[55] Mientras que Pedro Albizu Campos y Luis Muñoz Marín peleaban entre ellos y con el monopolio azucarero, intentaban encontrar maneras de liberar la clase trabajadora de su opresión. Albizu Campos escogió la ruta revolucionaria, y Muñoz Marín, la ruta diplomática. No obstante, el gobierno estadounidense los oponía.

Albizu Campos hizo campañas a través de la isla a favor de sus creencias y recibió el apoyo "del grupo profesional, los estudiantes y los que criticaban el sistema".[56] Cuando la tensión entre los trabajadores azucareros y las compañías americanas de azúcar llegó a su punto de crisis en los 30, los trabajadores llamaron a Albizu Campos para que promoviera su causa.[57] Albizu Campos

---

[53] Morales Carrión, 225.
[54] Morales Carrión, 232, 234.
[55] Morales Carrión, 232.
[56] Morales Carrión, 223.

protestó junto a los campesinos orgullosamente. Él hablaba en contra del capitalismo americano y peleaba para que los derechos de cada ser humano sean concedidos igual que a los puertorriqueños. En muchos aspectos las acusaciones de Albizu Campos en contra de los Estados Unidos estaban correctas. Hasta las palabras de Morales Carrión reflejan su certeza:

> Después de la tercia parte del siglo del dominio tutela, poco fue cumplido para entender las diferencias interculturales e interpersonales. La economía hizo crucial formar políticas para librar a los puertorriqueños de necesidades y explotación. Pero también era crucial liberar a los puertorriqueños de los estereotipos culturales degradantes. Los Estados Unidos tenía la capacidad de planear una estrategia cultural y social, pero la segunda necesidad requirió una

---

[57] Ayala y Bernabe, 97.

percepción en los distintos valores de cada sociedad humana, y respeto y tolerancia para la diversidad social, rasgos que casi no se podía aprender en el clima auto gratificante del Destino Manifiesto [de los Estados Unidos] y las convicciones mesiánicas de la superioridad del evangelio americano.[58]

Albizu Campos sabía que en su día Estados Unidos se estaba dejando llevar por su ideología imperialista, y deseó que Puerto Rico tuviera ningún contacto con esta ideología.

Mientras que Albizu Campos protestaba junto al pueblo, Muñoz Marín estaba peleando en la arena política federal; presentó reformas para Puerto Rico, pero era difícil trabajar con los políticos de EE.UU.[59] En el año 1933, Muñoz Marín decidió viajar a Washington, D.C. para discutir la condición actual de Puerto Rico[60] y allí propuso un "Nuevo Trato", el cual esperaba que pudiese dar ayuda

---

[58] Morales Carrión, 220.
[59] Morales Carrión, 233.
[60] Ayala y Bernabe, 100.

económica a la isla. El Nuevo Trato se materializó en la *Federal Emergency Relief Administration* (FERA) con una rama especial en Puerto Rico conocido como PRERA.[61] Muñoz Marín fue uno de los defensores principales de esta rama, la cual proveyó trabajos públicos[62] y comida para los puertorriqueños.[63] Aun con todo esto, la fuente primaria para ayudar a Puerto Rico fue la Ley del Azúcar de 1934, la cual gradualmente iba reduciendo la cuota para el azúcar requerido de Puerto Rico para los Estados Unidos.[64] Aunque la ayuda todavía era insuficiente, era una representación para el pueblo que sus voces fueron oídas.

Albizu Campos y Muñoz Marín, sin saberlo, trabajaron juntos para que los EE. UU. se diera cuenta de la condición severa de Puerto Rico. Sin embargo, como Albizu Campos estaba residiendo entre la gente, no hay duda de que recibió alabanzas de los trabajadores después de hacer su parte en liberarlos del poder de las industrias azucareras, [65] mientras

---

[61] Morales Carrión, 230.

[62] Morales Carrión, 230.

[63] Ayala y Bernabe, 97.

[64] Ayala y Bernabe 100; Morales Carrión 230

[65] Véase Nelson A. Denis, *War against All Puerto*

que Muñoz Marín no tuvo la misma ventaja. Como resultado, Albizu Campos continuó sus campañas para la independencia de Puerto Rico. Por otro lado, Muñoz Marín fortaleció su relación con los líderes estadounidenses para poder promover más programas económicos para la isla.

A pesar del aparente progreso económico en Puerto Rico, la inquietud política se intensificó. En 1935 cuatro nacionalistas fueron matados por la policía en la Universidad de Río Piedras.[66] Este evento se conoce como el Masacre de Río Piedras. En 1936 dos nacionalistas, a su vez, mataron a Francis E. Riggs, el jefe de la policía de Puerto Rico.[67] Como respuesta, el senador estadounidense Millard Tydings con la ayuda de su político socio, Ernest Gruening, trabajaron para crear "una propuesta de ley para ofrecer a Puerto Rico su independencia",[68] pero como la propuesta era "económicamente adversa", el senador americano Vito Marcantonio, quien era partidario y amigo de Albizu Campos, propuso su propio proyecto de

---

Ricans (New York: Nation Books, 2015), 120.

[66] Paralitici, 89.

[67] Paralitici, 92.

[68] Morales Carrión, 235.

ley para la independencia de Puerto Rico.[69] También Muñoz Marín presentó un proyecto alternativa a través del senador Wilbur Cartwright.[70] Marcantonio y Muñoz Marín hicieron una propuesta de ley que daría a Puerto Rico su independencia sin que quebrara su economía. Al final, todos estos proyectos de ley no se aprobaron. Poco después de la muerte del jefe de policía en 1936, Albizu Campos y otros nacionalistas fueron juzgados en la corte por instigar revueltos en contra de los Estados Unidos y luego fueron puestos en la cárcel.[71] Pedro Albizu Campos permaneció en prisión en EE. UU. por seis años, desde 1937 a 1943, y en 1947 regresó a Puerto Rico[72] listo para pelear contra los Estados Unidos otra vez.

En 1937 los nacionalistas desearon conmemorar la abolición de esclavitud en Puerto Rico,[73] así que pidieron un permiso de los oficiales de San Juan para un desfile.[74]

---

[69] Paralitici, 100-101; vea también Ayala y Bernabe, 111.

[70] Vea la nota a pie de página 159 de Paralitici, 101.

[71] Morales Carrión, 235.

[72] Ayala y Bernabe, 112.

[73] Paralitici, 98.

[74] Morales Carrión, 238.

Cuando se les negaron el permiso, intentaron de coger un permiso del alcalde de Ponce quien eventualmente autorizó la marcha.[75] Además de querer conmemorar la abolición, los nacionalistas probablemente deseaban hacer una manifestación a favor de Albizu Campos y los nacionalistas quienes fueron recién encarcelados. Ellos tuvieron un desfile pacífico con hombres marchando desarmados, a pesar de sus motivos.[76] Policías armadas velaban al desfile y pronto empezaron a disparar a la multitud; fueron provocados por un disparo de un desconocido (probablemente de una policía).[77] Finalmente, un total de 21 personas, incluyendo nacionalistas, espectadores y dos policías, murieron y más de 150 de personas fueron heridos.[78] Rumores y debates fueron hechos sobre el evento en Ponce, y pronto una comisión se realizó para hacer una investigación, la cual que concluyó que la marcha se convirtió en una masacre: la Masacre de Ponce.[79] Este asalto en contra de

---

[75] Morales Carrión, 238.

[76] Paralitici, 98.

[77] Morales Carrión, 238.

[78] Paralitici, 98.

[79] Arthur Garfield Hays y Commission of Inquiry on Civil Rights in Puerto Rico, *Report of the Commission of Inquiry on Civil Rights in Puerto Rico*

los puertorriqueños pro nacionalistas provocaría revueltas contra Estados Unidos y todos sus afiliados.

A pesar de que la década 1940 todavía era turbulenta en Puerto Rico, el caos de los años 30 parecía que se estaba aliviando. Los nacionalistas estaban siendo reprimidos. Su líder estaba en la prisión. La Ley del Azúcar estaba en efecto. La PRERA estaba dando suministros a puertorriqueños. Además, había discusiones entre Puerto Rico y los Estados Unidos que aparentaban igualdad diplomática. El progreso se sentía seguro.

Mientras que Albizu Campos estaba siendo juzgado en la corte, Muñoz Marín tenía otro oponente, Antonio R. Barceló.[80] Eventualmente, "Barceló expulsó a Muñoz Marín y sus partidarios del Partido Liberal"[81] del cual cada uno de ellos pertenecían. No obstante, Muñoz Marín continuó su carrera política. Tenía la esperanza de que pudiese transformar el estado económico de Puerto Rico. En 1938 él empezó su propio partido,

---

(New York: s.l., 1937), 62; Morales Carrión, 238.

[80] Morales Carrión, 240; vea también Paralitici, 121.

[81] Ayala y Bernabe, 116.

llamado el Partido Popular Democrático,[82] donde podía adelantar su meta de traer la era industrial a Puerto Rico.[83]

Los primeros años de la década 1940 eran favorables para Muñoz Marín. En 1941 Rexford Tugwell se hizo gobernador de Puerto Rico[84] y un aliado de Muñoz Marín.[85] Además, Muñoz Marín se juntó con los próximos profesionales quienes respaldaban su Partido Popular.[86] Con un conjunto de esfuerzo, Muñoz Marín y sus acompañantes mejoraron algunos aspectos de la condición de la isla. "Puerto Rico [se estaba urbanizando] y [también volviéndose] cada vez más industrializado con nuevas clases sociales con movilidad flexible, una masa de expansión en el área de educación, nuevos patrones en el gobierno y organizaciones privadas".[87] Muñoz Marín respaldó la "inversión [de] capital americana" para poder levantar a Puerto Rico de un arrabal a una metrópolis.[88]

---

[82] Morales Carrión, 244.
[83] Morales Carrión, 242.
[84] Morales Carrión, 250.
[85] Véase Ayala y Bernabe, 145; vea también Morales Carrión, 261.
[86] Morales Carrión, 253-254.
[87] Morales Carrión, 256.

Mientras que la economía mejoraba poco a poco, Tugwell y Muñoz Marín esperaban que la relación entre EE.UU. y Puerto Rico se convirtiera más como una asociación entre entidades soberanas. Ya por el año 1942 Tugwell sugirió al gobierno estadounidense que los puertorriqueños deberían elegir su propio gobernador.[89] Sin duda, él sabía que esta reforma ayudaría a la relación entre Puerto Rico y EE.UU. Aunque la proposición de Tugwell no pasó, después que salió de su puesto, el gobierno de los Estados Unidos se dio cuenta de que tendría que dejar a Puerto Rico elegir su propio gobernador para difundir sentimientos negativos que los puertorriqueños albergaban contra los oficiales americanos en Puerto Rico. Por esto, en 1946 los Estados Unidos nombró a Jesús T. Piñero como gobernador de Puerto Rico. Previamente, Piñero era el presidente de una coalición de trabajadores azucareros a mediados de 1930 y el comisionado residente de Puerto Rico en 1944.[90] Después de este nombramiento, Piñero

---

[88] Ayala y Bernabe, 151; vea también Paralitici, 146-147.

[89] Morales Carrión, 254-255.

[90] Ayala y Bernabe, 103; Morales Carrión, 263-264.

y Muñoz Marín trataron de convencer al Congreso federal de dejar a los puertorriqueños elegir su propio gobernador. En 1947 esta propuesta se hizo ley;[91] como consecuencia, en 1948 Luis Muñoz Marín se convirtió en el primer gobernador elegido por los puertorriqueños.[92]

Antes de ser gobernador, Muñoz Marín ya tenía ideas de cómo cambiar el estatus de Puerto Rico. Creía que era posible intercambiar el estatus viejo de Puerto Rico a uno nuevo con más beneficios de los que podrían ser dados por ser estado o independiente.[93] En el año 1950, el gobernador Muñoz Marín comenzó a promover este estatus nuevo; usó la presión universal en contra del colonialismo e imperialismo a su favor.[94] Al mismo tiempo, el gobierno de EE.UU. empezó a discutir ideas para una constitución puertorriqueña, que sería votada por el pueblo, pero que tendría que ser aprobado por el Congreso estadounidense.[95]

---

[91] Morales Carrión, 269.
[92] Ayala y Bernabe, 161.
[93] Ayala y Bernabe, 152.
[94] Ayala y Bernabe, 170.
[95] Ayala y Bernabe 163, 169.

Por el otro lado, los nacionalistas e independentistas se sintieron enfurecidos por los Estados Unidos y Muñoz Marín. Fueron provocados por las propuestas de establecer el estatus nuevo y de formar la constitución puertorriqueña bajo EE. UU. También pensaron que ambas solo eran disfraces de un neocolonialismo. Después de que Albizu Campos llegó a la isla en 1947, aun siendo perseguido por el FBI,[96] continuaba resistiendo a los Estados Unidos. Albizu Campos postulaba que, si Puerto Rico se mantuviera bajo el yugo de los imperialistas estadounidenses, nunca alcanzaría la independencia. Liderados por Albizu Campos a tomar armas, en 1950 sus partidarios "[condujeron] acciones militares del nacionalismo en Peñuelas, Jayuya, Arecibo, Utuado, Mayagüez, San Juan y Naranjito".[97] Pese a los intentos de los disidentes, Muñoz Marín, con la ayuda de la guardia nacional, pudo derrocar a los nacionalistas dentro de estos pueblos.[98] En el mismo año, dos nacionalistas fueron a Washington, D.C. para asesinar al presidente, Harry Truman. Luego

---

[96] Véase Denis 126, 128.

[97] Paralitici, 148.

[98] Paralitici, 149.

de un tiroteo pequeño, algunos oficiales americanos pararon a los dos insurgentes de matar al presidente.[99] Finalmente, Muñoz Marín y los EE. UU. lograron detener a sus mayores enemigos de Puerto Rico, los nacionalistas. Sin embargo, los nacionalistas, independentistas y sus sucesores continuarían a resistir a los Estados Unidos.

Después de suprimir a los revolucionarios, Muñoz Marín pudo establecer a Puerto Rico como un Estado Libre Asociado (ELA) en los años 1950 a 1952. En adición, la constitución puertorriqueña fue ratificada e instituida.[100] Desde el establecimiento del ELA, el estatus actual de Puerto Rico ha sido cuestionado y debatido.[101] Aun con el estatus nuevo y la constitución, Puerto Rico "[continuaba sufriendo] de una tasa alta de desempleo, de dependencia de subsidios federales y de una economía sin un dinámico autosuficiente".[102]

A lo largo de los años 60, los Estados Unidos y Puerto Rico, junto con muchos otros

---

[99] Morales Carrión, 276-277.

[100] Ayala y Bernabe, 162.

[101] Ayala y Bernabe, 173; Morales Carrión, 279-280.

[102] Ayala y Bernabe, 153.

países, sintieron presiones sociales, políticas y económicas.[103] En medio de esta década, los políticos de EE.UU. deseaban oportunidades económicas para las familias y personas de bajo ingreso a través de los Estados Unidos. En 1964 el presidente Lyndon B. Johnson declaró una guerra contra la pobreza,[104] la cual tomó forma de varios programas como los *Social Security Amendments* de 1965, el *Economic Opportunity Act* de 1964 y el *Food Stamp Act* de 1964.[105] Inmediatamente, Puerto Rico se hizo un beneficiario bajo los *Social Security Amendments* de 1965.[106]

---

[103] Véase Ayala y Bernabe, 223.

[104] Rachel Sheffield y Robert Rector, "The War on Poverty after 50 Years", The Heritage Foundation, 15 de septiembre de 2014, acceso el 23 de septiembre de 2019, https://www.heritage.org /poverty-and-inequality/report/the-war-poverty -after-50-years.

[105] Dylan Matthews, "Everything You Need to Know about the War on Poverty", Economic Policy, *Washington Post*, 8 de enero de 2014, acceso el 23 de septiembre de 2019, https://www.washingtonpost.com/news/wonk/wp /2014/01/08/everything-you-need-to-know-about -the-war-on-poverty/.

[106] SOCIAL SECURITY AMENDMENTS, H.R. Rep. No. 89-213, 1st Sess., en 73, 190, 242 (1965), https://www.ssa.gov/history/pdf/Downey

Bajo el *Economic Opportunity Act* de 1964, Puerto Rico recibió un porcentaje de dinero para asistir a los "individuos y [las] familias de bajo ingreso".[107] Aunque la isla no fue mencionada en el *Food Stamp Act* de 1964, Puerto Rico fue incluido en la enmienda de este acto en el año 1970.[108] Todas estas reformas fueron hechas para promover paulatinamente la economía en los Estados Unidos, Puerto Rico y otros territorios de EE.UU. Sin embargo, las reformas solo hicieron que la condición económica de estas naciones se mantuviese como estaba antes de los años 1960.

Cuando la recesión de los años 1973 a 1974 llegó a los Estados Unidos y Europa, también tuvo "un impacto

---

%20PDFs/Social%20Security%20Amendments %20of%201965%20Vol%201.pdf.

[107] ECONOMIC OPPORTUNITY ACT OF 1964, Pub. L. No. 88-452, 78 Stat. 508, en 518 (1964), https://www.govinfo.gov/content/pkg/STATUTE -78/pdf/STATUTE-78-Pg508.pdf.

[108] "1971 through 1974 – Major Legislative Changes", A Short History of SNAP, Food and Nutrition Service, U.S. Department of Agriculture, 11 de septiembre de 2018, accesso el 23 septiembre de 2019, https://www.fns.usda.gov /snap/short-history-snap#1964.

[inmediato] en Puerto Rico [...] después del auge económico de la posguerra [tras la Segunda Guerra Mundial]".[109] "La consecuente crisis social y de tipo estructural que sufría la economía isleña puso presión en los niveles de ayuda federal como por ejemplo, en el [*Food Stamps Program*] y en otras medidas federales de alivio al desempleo, lo que incrementó la dependencia económica de Puerto Rico en Washington".[110] Rafel Hernández Colón, quien fue el gobernador a mediados de la década de 1970, deseaba alivio de la carga económica; por esto, preguntó al Congreso de EE. UU. para que enmendara la sección 931 del Código Federal de Rentas Internas (*IRC* en inglés).[111] El Congreso dio su consentimiento y reemplazó la sección 931 por la sección 936 para poder mejorar la economía de la isla y tratar de bajar la dependencia del dinero federal.[112] La sección 936 permitía que

---

[109] Ayala y Bernabe, 245.

[110] José Gabriel Martínez Borrás, "Sección 936 del código de rentas internas", *Enciclopedia de Puerto Rico*, 15 de septiembre de 2014, acceso el 23 de septiembre de 2019, https://enciclopediapr.org /encyclopedia/seccion-936-del-codigo-de-rentas -internas/ [traducción del autor].

[111] Ayala y Bernabe, 268.

[112] Martínez Borrás, "Section 936".

"corporaciones del EE.UU. pudiesen transferir sus ganancias [de Puerto Rico] a los Estados Unidos sin impuestos en cualquier momento".[113] Fue atractiva esta propuesta; por eso, muchos movieron sus operaciones a la isla.[114] La sección 936 insinuó que Puerto Rico participaría en el mercado global; sin embargo, terminó siendo una reforma demasiada ambiciosa, porque no respaldaba a las inversiones y el desarrollo local.

Después de que la sección 936 estaba en efecto por casi veinte años, en el año 1993 el presidente Bill Clinton decidió removerlo del *IRC*.[115] Muchos no querían que la sección 936 se eliminara.[116] Según un artículo del *New York Times* de 1993, Pedro J. Rosselló, el gobernador de Puerto Rico en la década 1990, expresó que no estaba de acuerdo con la eliminación de la sección y que buscaría una

---

[113] Ayala y Bernabe, 268.

[114] Ayala y Bernabe, 269.

[115] Martínez Borrás, "Section 936".

[116] Larry Rohter, "Puerto Rico Fighting to Keep Its Tax Breaks for Businesses", *New York Times*, 10 de mayo de 1993, acceso el 23 de septiembre de 2019, https://www.nytimes.com/1993/05/10/business/puerto-rico-fighting-to-keep-its-tax-breaks-for-businesses.html.

manera de evitar los resultados drásticos que sucederían después de su remoción.[117] Sin embargo, en 1995 el mismo Rosselló envió una carta a Bill Archer, el presidente del Comité de Medios y Arbitrios de la Cámara de EE. UU., indicando que apoyaba la decisión del Congreso de remover a la sección 936.[118] El próximo año Clinton aprobó la eliminación de la sección, pero permitió que las compañías americanas ya establecidas en Puerto Rico tuvieran un periodo de gracia de diez años.[119] En adición a la parada gradual de la sección 936, la guerra contra la pobreza en Estados Unidos y en Puerto Rico parecía tener pocos resultados positivos. Según Rachel Sheffield y Robert Rector, en vez de ayudar a las

---

[117] Rohter, "Puerto Rico Fighting".

[118] José R. Nadal Power, "Una sola voz", Opinión, *Primera Hora*, 18 de marzo de 2020, acceso el 14 de junio de 2020, https://www.primerahora.com/opinion/el -desahogo/columnas/una-sola-voz/; vea también José R. Nadal Power (@nadalpower), "Tal ha sido el afán de Rosselló (padre) con destruir las bases económicas de PR", Twitter, 27 de agosto de 2017, 11:49 a.m., acceso el 14 de junio de 2020, https://twitter.com/nadalpower/status /900746860318646272.

[119] Martínez Borrás, "Section 936".

personas a ser autosuficiente, como el presidente Johnson esperaba, las legislaciones creadas para bajar la pobreza en los Estados Unidos causaron que una gran cantidad de individuos y familias de bajo ingreso se hicieran dependientes del gobierno y sus regalías federales.[120]

De hecho, muchos puertorriqueños que han podido trabajar no lo han hecho, porque "mientras más un hombre o una mujer trabaja, más pierde [su ayuda federal]."[121]Como resultado, la isla ha producido y sostenido vagos, alborotadores y consumidores de entretenimiento.[122] Los que tienen trabajo cargan el peso de la sociedad puertorriqueña y, con el tiempo, se han convertido en apáticos y críticos hacia sus prójimos quienes pueden trabajar, pero no lo hacen.

En las últimas décadas, los líderes de Puerto Rico, empezando con Muñoz Marín, deseaban fomentar la industria, tecnología y democracia

---

[120] Rachel Sheffield y Robert Rector, "The War on Poverty".

[121] "Trouble on Welfare Island", *Economist*, 25 de mayo de 2006, acceso el 23 de septiembre de 2019, https://www.economist.com/united -states/2006/05/25/trouble-on-welfare-island.

[122] Véase "Trouble on Welfare Island".

de Puerto Rico hasta que llegaran al nivel de los Estados Unidos. Aunque ha habido intentos para establecer grandes corporaciones estadounidenses, capital amplia y tasa alta de inversiones, todas fueron introducidas en la isla sin que Puerto Rico fuese enseñado cómo usarlas y sostenerlas apropiadamente.[123] Como consecuencia, Puerto Rico ha tenido dificultad manteniendo todas las exigencias que resultaron de estas iniciativas. Como los líderes puertorriqueños las manejaron mal, junto con las ayudas federales, el gobierno de Puerto Rico ha sido consumido por deuda. Al mismo tiempo, los políticos puertorriqueños parecen que no han podido cambiar el estado de Puerto Rico; siempre están enfrentando a los políticos americanos en Washington, D.C. Por lo tanto, Puerto Rico ha estado hundiéndose no solo económicamente, sino también social y políticamente.

Las primeras cuatro depresiones ilustran que la isla ha estado yendo cuesta abajo. Puerto Rico ha carecido de comercio y bienes producidos al nivel local, y ha tenido que depender continuamente de la importación y de compañías externas. Cuando desastres

---

[123] "Trouble on Welfare Island".

naturales ocurrieron, los puertorriqueños no podían mejorar la condición de su isla y, por eso, dependían muchísimo de los fondos de los gobiernos que controlaron la isla. También no se les permitía suficiente representación ante estos gobiernos. Sus derechos frecuentemente fueron reprimidos y pasados por alto. Por lo contrario, los gobiernos pusieron sus intereses encima de los intereses de los puertorriqueños; esos borincanos, quienes tenían ideales distintos, rápidamente fueron suprimidos. En realidad, muchos, si no todos, de estos factores todavía están en efecto hoy.

Finalmente, llegamos a la quinta depresión de la historia de Puerto Rico. Aunque mi gente ya debe de conocer los eventos del siglo actual acerca de nuestra isla, deseo indicar el principio de esta depresión. También quiero describir como la ley PROMESA y el huracán María causaron que los puertorriqueños se dieran cuenta de esta depresión. Después, discutiré el caso práctico de Ricardo Rosselló y la revuelta contra él.

La depresión del siglo veintiuno comenzó aproximadamente entre 2005 y 2006. La Oficina de Contabilidad del Gobierno de EE.UU. (*USGAO*) reportó en el año 2017 que "entre los años fiscales de 2005 y 2014 [...] el total de la deuda pública pendiente (deuda pública) creció de $39.2 billones a $67.8 billones, alcanzando 66 por ciento del producto bruto interno (PIB)".[124] k El próximo año el *USGAO* notó: "Entre los años 2005 y 2016 [...] la economía de Puerto Rico experimentó una disminución en la producción real en todos los años menos dos [con respecto a su PIB]".[125] A partir de 2017, "[el] total de la deuda pública pendiente [subió a] $74.3 billones".[126] Las entidades principales, que se están endeudando, son asociados con el gobierno:

---

[124] U.S. Gov't Accountability Off., U.S. Territories: Public Debt Outlook, GAO-18-160, en la sección "What GAO Found: Puerto Rico" (2017), https://www.gao.gov/assets/690/687545.pdf.

k El informe del *USGAO* de 2017 explica que "PIB mide el valor de los bienes y servicios producidos [sin excluir bienes y servicios producidos por compañías extranjeros] dentro de un país, o [...] un territorio". Véase Public Debt Outlook, GAO-18-160, en 14.

[125] U.S. Gov't Accountability Off., Puerto Rico: Factors Contributing to the Debt Crisis and Potential Federal Actions to Address Them, GAO-18-387, en 5 (2018), https://www.gao.gov/assets/700/691675.pdf.

[126] Public Debt Outlook, GAO-18-160, en 13.

"el gobierno primario de Puerto Rico y [...] la Autoridad de Energía Eléctrica (AEE, o *PREPA* en inglés), la Autoridad de Acueductos y Alcantarillados (AAA, o *PRASA* en inglés) y la Autoridad de Carreteras y Transportación (ACT, o *PRHTA* en inglés)— debieron la mayoría del total de la deuda pública pendiente en [..] 2014".[127] La deuda de la isla respecto al PIB es alto, mayormente porque Puerto Rico ha distribuido una gran cantidad de bonos por muchos años.[128]

La retracción de la sección 936 del Código Federal de Rentas Internas parece que fue otro factor que afectó, de manera negativa, la economía de Puerto Rico a principios de los años 2000. Es más, uno de los antecedentes de este factor era la negligencia del gobierno federal de no promover compañías locales en Puerto Rico. Falló en reconocer que las inversiones y compañías externas no podrían resolver los problemas de la isla. En adición, según el informe del *USGAO* de 2018, ciertas leyes puertorriqueñas y reglamentos federales, con respecto a las industrias locales, han

---

[127] PUBLIC DEBT OUTLOOK, GAO-18-160, en 14.

[128] PUBLIC DEBT OUTLOOK, GAO-18-160, en 12.

impedido compañías puertorriqueñas y, por lo tanto, pueden ser la "razón del desempeño económico débil de Puerto Rico".[129]

Además, la cantidad de residentes de Puerto Rico "ha disminuido [...] al menos desde 2005, un año antes del comienzo de su recesión. [...] esta tendencia ha acelerado desde 2010".[130] "Según las estimaciones de la Oficina de Censo de EE. UU., Puerto Rico perdió 14 por ciento de sus habitantes, más de 550,000 de individuos, entre julio 2009 y julio 2016".[131] Esta disminución de residentes correlaciona con el declive del esfuerzo laboral puertorriqueño. Según los datos colectados por la Oficina de Estadísticas Laborales, "desde enero 2006 hasta diciembre 2017 [...] la mano de obra de Puerto Rico se ha reducido de aproximadamente 1.4 millones de personas a 1.1 millones de personas".[132] Mientras que

---

[129] DEBT CRISIS, GAO-18-387, en 29.

[130] "Puerto Ricans Leave in Record Numbers for Mainland U.S.", Fact Tank, Pew Research Center, 14 de octubre de 2015, acceso el 24 de septiembre de 2019, https://www.pewresearch.org /fact-tank/2015/10/14/puerto-ricans-leave-in -record-numbers-for-mainland-u-s/.

[131] PUBLIC DEBT OUTLOOK, GAO-18-160, en 19.

[132] DEBT CRISIS, GAO-18-387, en 8.

personas emigraron de la isla después de 2005, los medios de comunicación sugirieron que Puerto Rico estaba perdiendo muchos de sus profesionales.[133] Aunque hay debates sobre si ha sucedido una fuga de cerebro[1] en Puerto Rico en las primeras dos décadas del siglo 21,[134] tal cobertura por los medios de comunicación ha creado miedo en la isla. También ha provocado que muchos puertorriqueños consideren emigrar. Debido a estos y otros

---

[133] Véase "Éxodo boricua agrava crisis", Noticias, *Primera Hora*, 26 de junio de 2008, acceso el 24 de septiembre de 2019, https://www.primerahora.com/noticias/puerto -rico/notas/exodo-boricua-agrava-crisis/; vea también "Crece con fuerza la diáspora puertorriqueña", Noticias, *El Nuevo Día*, 21 de junio de 2013, acceso el 24 de septiembre de 2019, https://www.elnuevodia.com/noticias/locales /nota/crececonfuerzaladiasporapuertorriquena -1535594/.

[1] La frase *fuga de cerebro* denota la emigración de personas (mayormente jóvenes adultos) quienes son parte de los profesionales de un país. A pesar de que los efectos de este fenómeno son debatidos, es visto como algo negativo para el país de donde gente se emigran.

[134] Véase Carlos Vargas-Ramos y Edwin Meléndez, eds., *The State of Puerto Ricans 2013* (New York: Centro Press, 2013).

factores, Puerto Rico ha sufrido demasiado por más de una década después del año 2005.

Durante su término de gobernación (2013 a 2017), el licenciado Alejandro García Padilla confirmó que la deuda de Puerto Rico era impagable. Sin embargo, el Código de Quiebras de los Estados Unidos expresa claramente que Puerto Rico no puede declarase en bancarrota.[135] Como respuesta, el gobierno estadounidense, bajo la presidencia de Barack Obama, ajustó algunas regulaciones y promulgó la ley PROMESA de 2016. Como parte de esta ley, Estados Unidos implementó una Junta de Supervisión Fiscal que se encargaría de controlar las finanzas de Puerto Rico para poder hacer acuerdos con sus acreedores. Por tal razón, los miembros de la Junta están requeridos a "[tener] conocimientos y experiencia en finanzas, mercados de bonos municipales, gerencia, derecho, o sobre la organización o funcionamiento de negocios o del gobierno".[136]

---

[135] Véase S. Rep. No. 95–989, párr. 29, en 11 U.S.C. § 101 (2020). Vea también 11 U.S.C. § 101(52), § 109(c)(1) (2020). Each of these items are part of the same document: 11 U.S.C. (2020).
[136] Ley de supervisión, administración, y estabilidad económica de Puerto Rico de 2016, S.

Teóricamente, PROMESA podría ayudar al declive económico en la isla; sin embargo, muchas de sus cláusulas permiten a la Junta reprimir la autonomía de Puerto Rico.

Como este ente supervisa, maneja y determina el presupuesto fiscal y las reformas económicas de Puerto Rico, tiene el poder de vetar "cualquier estatuto, resolución, política o regla" el gobierno puertorriqueño, si la Junta cree que tal acto "[menoscaba] o [anula] los propósitos de esta Ley [PROMESA]".[137] "La Junta de Supervisión [también] podrá solicitar el cumplimiento judicial de su autoridad para llevar a cabo sus responsabilidades".[138] Por lo contrario, "ni el Gobernador ni la Legislatura podrán [...] ejercer ningún control sobre [...] la Junta de Supervisión o sus actividades".[139] La Junta mantiene todo poder sobre Puerto Rico, mientras que Puerto Rico tiene ninguno sobre ella. Además, los miembros de la Junta "no

---

2328, 114.º Congreso § 101(f)(1) (2016). Para la versión en inglés véase PUERTO RICO OVERSIGHT, MANAGEMENT, AND ECONOMIC STABILITY ACT OF 2016, Pub. L. No. 114–187, 130 Stat. 549 (2016).

[137] S. 2328, 114.º Congreso § 108(a)(2) (2016). Véase también § 204(a)(1), (5) (2016).

[138] S. 2328, 114.º Congreso § 104(k) (2016).

[139] S. 2328, 114.º Congreso § 108(a)(1) (2016).

serán responsables por ninguna [...] reclamación en contra de la Junta de Supervisión [...] como resultado de las acciones adoptadas en la ejecución de esta Ley".[140]

Como los Estados Unidos ha concedido a la Junta un poder abarcador sobre Puerto Rico, muchos puertorriqueños han cuestionado los motivos verdaderos del gobierno estadounidense con respecto a la isla. Aunque algunos han visto a PROMESA como una consecuencia razonable de los fracasos del gobierno puertorriqueño en relación a su manejo fiscal,[141] otros la han visto como otra manera de los Estados Unidos demostrar su "'poder imperial'".[142] En todo caso, la implementación de PROMESA y la Junta desde el año 2016 ha ilustrado a los

---

[140] S. 2328, 114.º Congreso § 105 (2016).

[141] Mary Williams Walsh, "Puerto Rico Debt Relief Law Stirs Colonial Resentment", *New York Times*, 30 de junio de 2016, acceso el 30 de junio de 2020, https://www.nytimes.com/2016/07/01/business/dealbook/puerto-rico-debt-relief-law-stirs-colonial-resentment.html.

[142] Camila Sánchez, citada en Mary Williams Walsh, "Law Stirs Colonial Resentment".

puertorriqueños que han estado experimentando una depresión.

En 2017 la depresión fue revelada por el huracán María. Puerto Rico no estaba preparado para el huracán y, por lo tanto, la economía puertorriqueña recibió otro golpe. Cuando Puerto Rico pidió fondos y suministros del gobierno EE. UU., Estados Unidos se tardó en responder. Como resultado, los puertorriqueños sintieron más resentimiento contra los Estados Unidos. También perdieron aún más su confianza en el gobierno de la isla, porque sus propios líderes fallaron en darles ayuda crítica.

Mientras que el gobierno puertorriqueño intentaba a estabilizar a la isla después del huracán, el pueblo velaba a sus líderes cuidadosamente, especialmente al gobernador Ricardo Rosselló y su administración. Sospechaban que había un mal manejo de dinero y de gobierno, y no iban a tolerar más corrupción y sufrimiento. En adición, Puerto Rico siguió enfrentando los distintos problemas sociales como la violencia doméstica, la misoginia y la homofobia. Debido a la caída económica, los problemas sociales y la tensión política, varios puertorriqueños se fueron de la isla. Muchos de los que se quedaron sentían que tenían que hacer algo para poder cambiar este estado deprimido.

Se puede ver a través de estos eventos que Ricardo Rosselló gobernaba durante tiempos inestables; por lo tanto, no nos sorprende que surgieron protestas que demandaban la renuncia de Ricardo Rosselló. Pero ¿es posible que los puertorriqueños estuviesen pasando la culpa a su gobernador por todos sus sufrimientos? ¿Convirtieron a Rosselló en un chivo expiatorio, o fue legítimamente removido de su puesto? Usando la información del primer tratado, evaluaremos si Rosselló merecía el derecho de gobernar a Puerto Rico.

Ricardo Rosselló ha sido un hombre culto, especialmente con las ciencias médicas. Se graduó del Instituto Tecnológico de Massachusetts (MIT) con un bachillerato en química, ingeniería biomédica y economía.[143]

---

[143] "Gobernador de Puerto Rico: Ricardo Rosselló Nevares", La Fortaleza: Oficina del Gobernador, acceso el 24 de septiembre de 2019, https://www.fortaleza.pr.gov/conoce/gobernador; Cf. "MIT Alumnus Elected Governor of Puerto Rico", Slice of MIT, 17 de noviembre de 2016, acceso el 24 de septiembre de 2019, https://alum.mit.edu/slice/mit-alumnus-elected -governor-puerto-rico.

También recibió su maestría y doctorado de la Universidad de Michigan con una concentración en ciencia,[144] específicamente en ingeniería biomédica.[145] Luego hizo investigaciones al nivel posdoctoral en la Universidad de Duke.[146] Aunque fue declarado culpable por fechorías y por posesión de sustancias ilegales cuando era un adolescente,[147] aparentemente se hizo sobrio, inscribiéndose a estos institutos de educación superior y envolviéndose en programas humanitarios a través de su carrera educativa.[148] Además, respaldaba algunas campañas políticas; por ejemplo, ayudó a su padre, Pedro J. Rosselló, durante las elecciones puertorriqueñas de 2004.[149] No hay duda que Ricardo Rosselló aprendió sobre la

---

[144] "Gobernador de Puerto Rico".

[145] "Ricardo Antonio Rosselló Nevares (Puerto Rico)", Centro Estratégico Latinoamericano de Geopolítica, 11 de junio de 2016, acceso el 24 de septiembre de 2019, https://www.celag.org /project/ricardo-antonio-rossello-nevares-puerto -rico/.

[146] "Ricardo Antonio Rosselló Nevares".

[147] "Ricardo Antonio Rosselló Nevares".

[148] "Gobernador de Puerto Rico".

[149] "Gobernador de Puerto Rico".

política de su padre por su participación en el gobierno puertorriqueño.

En el año 2012 Ricardo Rosselló fue contratado para ser un profesor adjunto en el Recinto de Ciencias Médicas de la Universidad de Puerto Rico (RCM-UPR).[150] Hubo varios desacuerdos en apuntar a Rosselló a esta posición.[151] La mayor disputa se concentró principalmente en dudas sobre si hubo entrevistas para esta posición o si fue creada específicamente para él. Aunque tenía las cualificaciones para el trabajo debido a su trasfondo académico en medicina,[152] muchas personas acusaron a la UPR de crear esta posición por la reputación política de su padre como un exgobernador de Puerto Rico.[153]

---

[150] "Presidente UPR defiende a Ricky Rosselló", Noticias, *Primera Hora*, 27 de agosto de 2012, acceso el 24 de septiembre de 2019, https://www.primerahora.com/noticias/gobierno-politica/nota/presidenteuprdefiendearickyrossello-691541/.

[151] Guillermo Gumieny Briam Santiago, "May the Best Man Win?", *The Colegio Blogporter* (blog), 8 de diciembre de 2012, acceso el 25 de septiembre de 2019, https://engl3268.wordpress.com/2012/12/08/may-the-best-man-win/.

[152] Véase Briam Santiago, "Best Man Win?".

[153] Gregg Y. Malavé Caraballo, "Fair Job or

Sospechaban que su padre influenció al proceso de contratación. Aun con la hostilidad en contra de él, Ricardo Rosselló recibió la posición de facultad.

Ese mismo año Rosselló "colaboró con la editorial de la Universidad de Puerto Rico" para publicar un libro, delineando su punto de vista político sobre Puerto Rico.[154] Después que se propagaron las noticias de lo que Rosselló había hecho, otros miembros de la facultad de UPR se molestaron, puesto que muchos tenían que esperar para poder publicar sus libros a través de la editorial de UPR.[155] Además, podemos suponer que varios todavía estaban en espera para publicar sus libros después de que Rosselló produjo el suyo. Esta acción hecha por Rosselló provoca la pregunta: ¿Por qué pudo publicar su libro político cuando

---

Sketchy Politics?", *The Colegio Blogporter* (blog), 12 de diciembre de 2012, acceso el 25 de septiembre de 2019, https://engl3268.wordpress.com/2012/12/12/fair-job-or-sketchy-politics-2/.

[154] "Gobernador de Puerto Rico".

[155] "Se coló el libro de Rosselló", Noticias, *El Nuevo Día*, 2 de septiembre de 2012, acceso el 24 de septiembre de 2019, https://www.elnuevodia.com/noticias/locales/nota/secoloellibroderossello-1334450/.

su trasfondo académico no era la ciencia política?

En 2010 había rumores de que Ricardo Rosselló competiría para la posición de gobernador en 2012.[156] Aunque no se postuló como un candidato, parecía como que querría publicar su libro para promocionar su agenda y carrera política en preparación para su campaña electoral del año 2016. Más aún, las acciones de Rosselló aumentan la sospecha de que publicó este libro a través de UPR para transferir la reputación notable de la Universidad a lo suyo. Por lo tanto, hay dos conclusiones posibles que pueden ser inferidas con respecto al incidente de 2012 acerca de Ricardo Rosselló y la UPR y que son relevantes para este caso práctico: 1) se puede suponer que Rosselló usó la reputación de su padre y de la UPR para promocionarse y sus ideas y 2) es aparente que investigó aspectos de la historia política de Puerto Rico para su libro.

---

[156] "Posible la candidatura de Ricky Rosselló para el 2012", Noticias, *El Expresso*, 26 de julio de 2010, acceso el 25 de septiembre de 2019, https://web.archive.org/web/20120315121519 /http:/www.elexpresso.com/noticias/locales/6904 --posible-la-candidatura-de-ricky-rossello-para-el -2012.

La primera conclusión está relacionada con el concepto del *ethos* (planteamiento que se discutirá más adelante), mientras que la última se relaciona con *logos* respecto al entendimiento aparente de Rosselló sobre la política.

Debido a sus logros, su legado y su aparente conocimiento y experiencia política, Rosselló se sintió preparado para dirigir a Puerto Rico hacia la prosperidad. En 2016 Rosselló hizo campañas, ganó las elecciones, y enseguida fue nombrado el gobernador de Puerto Rico. Igual que con los gobernadores anteriores, el pueblo se preguntó qué tipo de gobernador sería Rosselló. Aunque él ya había sido marcado con opiniones no favorables, los puertorriqueños le dieron una oportunidad para gobernarlos, porque pensaban que con el tiempo descubrirían si Rosselló tenía el conocimiento y la experiencia necesaria para poder dirigirlos.

Parecía que Rosselló empezaba su gobernación bien cuando pasó seis órdenes ejecutivas,[157] pero hizo malas decisiones con su

---

[157] Christian E. Cortés Feliciano, "Ricardo Rosselló y las seis órdenes ejecutivas", Tribuna Invitada, *El Nuevo Día*, 3 de enero de 2017, acceso el

consejo administrativo. Según el *New York Times*, cuando Rosselló estaba escogiendo personas para su administración, "se rodeó con un grupo muy unido de amigos jóvenes e influyentes [...] quienes en muchos casos tenían poca experiencia en gobernación".[158] Encima de esto, Rosselló rechazó los miembros ancianos de su partido, el Partido Nuevo Progresista (PNP). Estos miembros "sintieron que Sr. Rosselló [...] [negó] a preguntarles por [sus sugerencias] y tomar sus consejos" mientras gobernaba.[159] Aun si Rosselló hubiese estado en posiciones de liderazgo antes de ser gobernador, aparentemente no aprendió habilidades básicas de liderazgo como las de cooperar y consultar con otros. Si hubiera tenido un *logos* apropiado, hubiera buscado el consejo de políticos que eran más sabios que él. Parece que Rosselló no quiso interactuar con personas

---

18 de septiembre de 2019,
https://www.elnuevodia.com/opinion/columnas
/ricardorosselloylasseisordenesejecutivas-columna
-2277825/.

[158] Patricia Mazzei y Frances Robles, "Life in a Bubble Blinded Puerto Rico's Governor to Public Discontent", *New York Times*, 26 de julio de 2019, edición de Atlanta.

[159] Mazzei y Robles, "Life in a Bubble".

fuera de su círculo interno, porque tenía opiniones distintas a los políticos ancianos y porque pensó que él ya tenía suficiente conocimiento político. Por lo tanto, sus malas decisiones nos enseñan que Rosselló carecía del conocimiento y experiencia para gobernar.

Si muchos de los políticos socios tuvieron dificultades en hablar con Rosselló, ¿cuán difícil sería para un puertorriqueño común comunicarse con él? Rosselló estaba desconectado del *ethos* de los puertorriqueños por su *logos* deficiente. Por lo tanto, ¿cómo pudiese promover la voluntad del pueblo puertorriqueño sin tener contacto auténtico con ellos? Él pensaba que sabía lo que era mejor para el pueblo, pero estaba equivocado, porque no permitió discusiones abiertas. Aunque podría tener buenas ideas para leyes, reformas e innovaciones, parece que no había colaboración entre el gobernador y el pueblo, así que los puertorriqueños sintieron que fueron dejados en la oscuridad con ninguna garantía de que su voluntad iba a ser cumplida. Por lo tanto, el pueblo dudó razonablemente de Rosselló.

A pesar de que Rosselló se alejó de puertorriqueños políticos influyentes, quiso retener una buena apariencia ante la gente, pero ¿fue su apariencia una fachada? Es difícil contestar esta pregunta solo viendo cómo Rosselló se presentaba exteriormente, ya que personas pueden esconder su ser verdadero. Además, los medios de comunicación a veces ilustran a personas conforme a los intereses de los medios. Sin embargo, hay momentos donde personas demuestran quiénes son, especialmente ante familiares y amigos cercanos. En el caso de Rosselló y sus allegados, un grupo de chat de la aplicación de *Telegram* ha revelado su verdadera identidad. El contenido del chat se extiende desde el final de 2018 hasta el principio de 2019.[160]

El *pathos* de Rosselló y sus allegados se manifestaron a través de casi todo el chat. Usaron un lenguaje cargado de emotividad en contra de personas y organizaciones. Específicamente, hicieron comentarios misóginos y homofóbicos hacia personas que

---

[160] Luis J. Valentín Ortiz y Carla Minet, "Las 889 páginas de Telegram entre Rosselló Nevares y sus allegados", Centro de Periodismo Investigativo, 13 de julio de 2019, acceso el 21 de septiembre de 2019, http://periodismoinvestigativo.com/2019/07/las-889-paginas-de-telegram-entre-rossello-nevares-y-sus-allegados/.

los desagradaban. Rosselló demostró su irritación y hostilidad hacia Carmen Yulín Cruz, la alcaldesa de San Juan, cuando compartió un enlace a un post de Twitter contra ella que decía: "¿La comandanta dejo de tomar sus medicamentos? Es eso o es tremenda H[ija de] P[uta]".[161] Pode mos ver que, al incluir este enlace, Rosselló aprobó la burla contra la alcaldesa. Mucho más tarde, el representante del gobernador en la Junta de Supervisión, Christian Sobrino, comentó bruscamente de Yulín Cruz que estaba "salivando para caerla a tiros".[162]

---

[161] Vea página 5 para el mensaje de texto de R Rossello (Ricardo Rosselló), Telegram Web, acceso el 18 de septiembre de 2019, https://assets.documentcloud.org/documents /6192552/Chat.pdf; vea también Boina Verde de Yulin (@boinadeverdeyulin), "La comandanta dejo de tomar sus medicamentos? Es eso o es tremenda HP. Esto parece una burla cruel. Patria ó muerte", Twitter, 28 de noviembre de 2018, 7:31 p.m., acceso el 18 de septiembre de 2019, https://twitter.com/boinaverdeyulin/status /1067984328913838081?lang=en. A partir de enero de 2020, el post de Twitter ya no existe.

[162] Vea página 352 para el mensaje de texto de Ch Sobri (Christian Sobrino), Telegram Web, acceso el 21 de septiembre de 2019, https://assets.documentcloud.org

Respondiendo a Sobrino, Roselló dijo que le estaría haciendo un "gran favor".[163] Comentari os así de Roselló y sus colegas expresan emociones fuertes e injustificados. Además, Rosselló llamó Melisa Mark-Viverito, la oradora previa del ayuntamiento de Nueva York, una "puta" por denunciar a Tom Pérez quien ha sido un defensor de la estadidad de Puerto Rico.[164] Sob rino también hizo comentarios peyorativos contra Ricky Martín por ser gay. Dijo que "nada dice opresión patriarcal que Ricky Martin".[165] Otro colega añadió "ni machismo",[166] a lo cual Sobrino comentó que

---

/documents/6192552/Chat.pdf.

[163] Vea página 352 para el mensaje de texto a Christian Sobrino de R Rossello (Ricardo Rosselló), Telegram Web, acceso el 21 de septiembre de 2019, https://assets.documentcloud.org/documents /6192552/Chat.pdf.

[164] Vea página 74 para el mensaje de texto de R Rossello (Ricardo Rosselló), Telegram Web, acceso el 24 septiembre de 2019, https://assets.documentcloud.org/documents /6192552/Chat.pdf.

[165] Vea página 648 para el mensaje de texto de Ch Sobri (Christian Sobrino), Telegram Web, acceso el 26 septiembre de 2019, https://assets.documentcloud.org/documents /6192552/Chat.pdf.

"Ricky Martin es tan machista [que] se folla hombres [porque] las mujeres no dan la talla".[167] Sin considerar a la sexualidad de Ricky Martín, podemos notar que los compañeros de Rosselló ridiculizaron a Martín, porque lo vieron solamente como una personificación grotesca de la preferencia del mismo sexo. Aunque Rosselló no participó en los chistes, no paró a sus amigos de hacer comentarios fuertes contra el cantante. Por lo tanto, la pasividad de Rosselló indica su indiferencia o, aún peor, su aprobación de los ataques dirigidos a Ricky Martín.

Rosselló y sus colegas no solo hicieron chistes contra individuos, sino también ridiculizaron organizaciones. Varios se burlaron de la Colectiva Feminista en Construcción de Puerto Rico.[168] En adición,

---

[166] Vea página 648 para el mensaje de texto de F do, Telegram Web, acceso el septiembre de 2019, https://assets.documentcloud.org/documents /6192552/Chat.pdf.

[167] Vea página 649 para el mensaje de texto de Ch Sobri (Christian Sobrino), Telegram Web, acceso el 26 septiembre de 2019, https://assets.documentcloud.org/documents /6192552/Chat.pdf.

[168] Vea páginas 111-112, 782-783 para los mensajes de textos de R Rossello (Ricardo

Rosselló pretendió de escribir una carta a la Junta donde declaró: *"Go fuck yourself"*.[169] Comentarios como estos enseñan el odio que Rosselló y su administración poseían en contra de las organizaciones que ellos oponían.

En general, el chat ha demostrado cómo Ricardo Rosselló y sus allegados fueron fácilmente enojados por personas que tenían opiniones distintas. El gobernador se rodeaba de personas quienes no tenían respeto a otros, porque él mismo tenía poco respeto a los que estaban fuera de su círculo interno. En vez de promover emociones positivas, ayudó fomentar prejuicios e inmoralidad y, por lo tanto, propagó más división. Después que el chat de dos años estaba disponible a los puertorriqueños, ellos se enfurecieron justificablemente. La gente sintió que el *pathos* de Rosselló y su círculo

---

Rosselló), Telegram Web, acceso el 20 de septiembre de 2019, https://assets.documentcloud.org/documents /6192552/Chat.pdf.

[169] Vea página 94 para el mensaje de texto de R Rossello (Ricardo Rosselló), Telegram Web, acceso el 1 de octubre de 2019, https://assets.documentcloud.org/documents /6192552/Chat.pdf [cursiva nuestra].

interno pudriría a la sociedad y estimularía corrupción en el gobierno. Por esto, los puertorriqueños rebelaron.

¿Cuál era el *ethos* de Rosselló? ¿Era una persona de integridad o solo era un charlatán? Superficialmente, él parecía como una persona determinada a mejorar la condición de Puerto Rico. En las primeras seis órdenes ejecutivas, Rosselló insinuó que quería aliviar problemas —como en las áreas de la infraestructura y economía— y aumentar el pago de las mujeres. Estas órdenes se veían como cambios positivos para la isla; sin embargo, después de más examinación, algunas parecían ser solo repeticiones de otras leyes ya establecidas.[170]

Además de mostrar el *pathos* defectuoso de Rosselló, el chat ha mostrado al pueblo que él no tenía un *ethos* que merecía elogio. La verdad es que él y su círculo interno eran, en muchos aspectos, corruptos. La directora ejecutiva del Centro de Periodismo Investigativo, Carla Minet, comentó que muchos en el chat "estaban envueltos en corrupción [aun] con el conocimiento del gobierno".[171] De hecho,

---

[170] Cortés Feliciano, "Las seis órdenes".
[171] Carla Minet, "How 'Ricky Leaks' Exposed

varios miembros del chat no tenían una posición gubernamental, pero todavía tenían "acceso regular al gobernador y sus oficiales".[172] Había varias ocasiones donde enviaron información confidencial en el chat. Por ejemplo, Christian Sobrino envió un mensaje sobre información que refirió como "ALTAMENTE CONFIDENCIAL".[173] El chat de *Telegram* sigue revelando cómo "la administración estaba inapropiadame nte favoreciendo a aquellos amigos que tenían conexiones políticas"[174] y cómo estaba manejando mal la información del gobierno.

Después de comparar el escándalo de 2012 de Rosselló y su posición en la UPR con los "RickyLeaks", he notado que el último alude

Puerto Rico's Governor and Sparked a Movement to Oust Him", entrevista por Amy Goodman y Juan González, DemocrazyNow!, 23 de julio de 2019, acceso el 18 de septiembre de 2019, https://www.democracynow.org/2019/7/23 /puerto_rico_carla_minet_ricky_leaks.

[172] Minet, "'Ricky Leaks' Exposed".

[173] Vea páginas 311-313 para el mensaje de texto de Ch Sobri (Christian Sobrino), Telegram Web, acceso el 21 septiembre de 2019, https://assets.documentcloud.org /documents/6192552/Chat.pdf.

[174] Mazzei y Robles, "Life in a Bubble".

al primero en dos maneras. Primero, las posiciones privilegiadas dadas por Rosselló a su círculo interno (al cual pertenecieron personas de su administración y del chat[m]) parece que no fueron basadas en la pericia de sus amigos, sino en la relación de amistad. Similarmente, en 2012 se sospechó que el padre de Rosselló usó su influencia para asegurar que su hijo tuviese una posición en la UPR. Por lo tanto, el escándalo de 2012 y el escándalo del chat da la impresión de que estaba ocurriendo el nepotismo, el cual resulta en la corrupción y el fraude. Segundo, poco después de adquirir su posición de facultad, Rosselló usó a la UPR como una plataforma para publicar su libro político aun cuando esta posición no involucraba la política, sino la ciencia médica. En comparación, en 2016 Ricardo Rosselló y sus amigos aceptaron entusiasmadamente sus posiciones prominentes para que pudiesen promover sus propias agendas. Mientras tanto, ellos eran indiferentes a la voluntad de los puertorriqueños. Por tales razones, pienso que

---

[m] Recuerda que, a pesar de que algunas personas del chat no fueron oficiales del gobierno, cada uno de ellos tenía acceso a material privado del gobierno.

el escándalo de Ricardo Rosselló en el año 2012 fue un presagio de los escándalos que rodeaban su gobernación de 2016-2019 y los que fueron desvelados por el chat de *Telegram*. Tomando este material en cuenta, deberíamos reconocer que muchas veces los escándalos o delitos previos preceden unos más severos y dañosos. Por esto, examinando el desempeño de los candidatos políticos nos puede ayudar a anticipar si su tiempo en el gobierno sería encomiable o nefasto. Si un candidato demuestra un *ethos*, *logos* y *pathos* desfavorable antes de correr campañas, podemos anticipar que poseerá el mismo *ethos*, *logos* y *pathos* aun cuando gane. Lo opuesto también sería cierto. Por lo tanto, ciudadanos deberían desear a un candidato con buenos *ethos*, *logos* y *pathos* aun antes de tener o expresar un interés en la política.

Encima de todo, lo que causó que los puertorriqueños demandaran la renuncia de Ricardo Rosselló fueron sus comentarios en el chat sobre las víctimas del huracán María. Christian Sobrino inició estos comentarios negativos. Hizo bromas de que los miembros del chat deberían criar cuervos (aparentemente, fueron igualados a la muerte), y algunos otros tomaron parte en los chistes. Sobrino, continuando la conversación, comentó: "Ahora que estamos en ese tema [de la muerte], ¿no tenemos algún cadáver para alimentar a nuestros cuervos? Claramente necesitan atención".[175] Incluso Rosselló participó brevemente en los chistes dirigidos a las víctimas.[n] Él y su administración tenían poca vergüenza en sus comentarios. En vez de preocuparse por los puertorriqueños, no les importaba ellos o sus familiares fallecidos. ¡Que *ethos* obsceno! Estos hombres eran depravados, y Ricardo Rosselló era su líder; por eso, fue visto como el peor de ellos. Rosselló tenía faltas serias que originaban de su *ethos* reprobable.

Aunque las crisis tempranas de la depresión del siglo 21 causaron que los puertorriqueños estuviesen pendientes de sus representantes del gobierno, se aguantaron y

---

[175] Vea página 659 para el mensaje de texto de Ch Sobri (Christian Sobrino), Telegram Web, acceso el 26 septiembre de 2019, https://assets.documentcloud.org/documents /6192552/Chat.pdf.

[n] Para la discusión entera sobre los cuervos en conexión con las víctimas del huracán, vea página 656-659 en Telegram Web, https://assets.documentcloud.org/documents /6192552/Chat.pdf.

no se sublevaron, pero cuando el "chat privado fue filtrado [...] [se había levantado] una cortina de la personalidad privada del Sr. Rosselló [...] [por lo tanto] a muchos puertorriqueños no les gustó lo que vieron".[176] Los "RickyLeaks" incitaron a los puertorriqueños a protestar. No iban a tolerar a un gobernador que le faltaba el respeto a su propia gente; por eso, estaban correctos en derrocar a Ricardo Rosselló, porque su *logos*, *pathos* y *ethos* tenían fallas fundamentales.

---

[176] Mazzei y Robles, "Life in a Bubble".

El tercer tratado: El papel de todos los ciudadanos puertorriqueños

Todos, como desean a preservarse [...] por la misma razón, cuando su propia preservación no compite [con las de otros], deben [...] lo más que puedan, preservar el resto de la humanidad.
–Locke, El segundo tratado sobre el gobierno civil

Por mucho de nuestra historia, nosotros, los puertorriqueños, nos hemos movido de depresión a depresión con periodos cortos que prometían progreso. Hemos confrontado varios obstáculos: tasas bajas de alfabetismo, desarrollo lento en el área de la educación, falta de representación en el gobierno, restricción de libertades individuales y el imperialismo. Como consecuencia, hemos respondido con quejas, cinismo, vagancia e indiferencia. ¿Qué causo estas actitudes? Principalmente, es nuestra falta de esperanza. Como muchos de nuestros antepasados, no hemos reconocido que esta falta de esperanza ha sido un gran obstáculo para nuestro desarrollo.

Pero ¿cómo podemos liberarnos de las quejas, el cinismo, la vagancia y la complacencia? ¿Cómo podemos rescatar a

Puerto Rico y recuperar nuestra esperanza? Tenemos que cambiar nuestra percepción actual de nuestra historia, nuestros líderes y nuestro gobierno.

En nuestro pasado reciente, nosotros hemos adoptado el método del monumentalismo laudatorio[177] para entender nuestra historia. En vez de conocer nuestra herencia nacional hemos visto a puertorriqueños, como Luis Muñoz Rivera, y a eventos, como la creación de la Carta Autonómica, como emblemas del pasado, pero no entendemos su valor verdadero. En nuestro sistema escolar no siempre recibimos información detallada de nuestro pasado más allá de los conquistadores y su establecimiento colonial, de la geografía de la isla y de nuestros artistas. Pero nuestras aspiraciones nacionales y los borincanos, quienes esperaban, protestaban, morían y amaban a Borinquen, han sido arrinconados para ser únicamente reconocidos en museos y

---

[177] Para ver su breve discusión sobre el monumentalismo laudatorio, consulta Mario R. Cancel Sepúlveda, prólogo a *Historia de la lucha por la independencia de Puerto Rico: Una lucha por la soberanía y la igualdad social bajo el dominio estadounidense*, de Ché Paralitici (Río Piedras, PR: Publicaciones Gaviota, 2018), 12.

monumentos arruinados a través de la isla.
¿Por qué nuestros maestros no nos enseñan que
muchos de nuestros poetas, escritores y
pensadores también eran nuestros abogados,
doctores, historiadores y políticos? ¿Por qué
sabemos tan poco de dónde venimos y a
quienes pertenecemos? ¿Sabemos qué nos hace
puertorriqueño? Solamente después de que
estudié personalmente nuestra historia, supe de
nuestra gran herencia nacional.

Para muchos de nosotros, nuestro orgullo se
encuentra en un entendimiento borroso de
nuestros antepasados e historia, pero ¡cuán
bendecidos somos que tenemos una gran
variedad de recursos sobre Puerto Rico! Con la
ayuda de panfletos, artículos, libros y el
internet podemos conocer a nuestra herencia e
historia nacional, y hasta a nosotros mismos.
¡Solo tenemos que leer! Estos recursos no
solamente son recuerdos que alimentan la
nostalgia y el deseo para un pasado edénico.
No. Estos tienen la potencia de plantar nuestra
identidad y de dirigirnos a un futuro
esperanzador; por eso, deberíamos estudiar
estos recursos estrechamente, los viejos igual
que los nuevos. Deberíamos contemplar sobre
los disturbios políticos, económicos y sociales
de nuestra isla; así, podemos saber cómo las

depresiones del pasado afectan hoy a Puerto Rico con el propósito de determinar qué sería lo mejor para nuestra isla. Vamos a convertir a nuestras opiniones a unas informadas. Y, aún más, descubramos y desarrollemos planes para ayudar a que Puerto Rico prospere. Cuando entendamos a nuestro pasado, estaremos más preparados para cumplir con la meta de transformar a Puerto Rico. También al saber de nuestro pasado, podemos obtener esperanza ahora y para el futuro.

Nadie duda que hemos tenido un punto de vista negativo sobre nuestros oficiales y nuestro gobierno, el cual ha afectado cómo interactuamos con ellos. No obstante, tenemos que reconocer primeramente que es necesario cambiar el patrón actual sobre cómo interactuamos con los oficiales. Por un lado, los que votaron por el candidato ganador asumen que este sería un buen líder, e igualmente piensan que el líder va a hacerse responsable ante nosotros. Pero solo porque votamos por el candidato ganador no significa que no va a tener faltas. De hecho, deberíamos prestarle atención en cómo actúa en su posición gubernamental.

Por el otro lado, ¿cómo actuamos cuando la candidata por quien votamos no gana? Aunque podemos sentirnos amargos porque nuestra candidata no fue escogida, muchos de nosotros todavía respetamos a la que ganó y nos sometemos a su jurisdicción. Tratamos de mantener la paz para que podamos mantener la democracia; sin embargo, deberíamos tener cuidado de no igualar la paz con la tolerancia a la corrupción y, a la vez, no deberíamos sobre criticar cada decisión de nuestros líderes simplemente porque no fueron los candidatos que respaldábamos durante las elecciones.

No podemos negar que Puerto Rico está lleno de corrupción e injusticia al nivel gubernamental. Por eso, no deberíamos suponer que el candidato ganador por quien votamos nunca estaría tentado para hacer trampa, mentir, robar o causar opresión. Similarmente, ellos, quienes no votaron por el candidato elegido, no deben culpar a los que sí votaron por el elegido por cualquier acción corrupta que este hace, y tampoco deben demandar que los votantes "culpables" arreglen los problemas de Puerto Rico sin tener que hacer nada ellos mismos. Si votamos por el elegido o no, todos somos responsables de cómo vamos a abordar la injusticia y la corrupción de nuestros líderes.

Además, tenemos que revisar la manera en que determinamos cual candidata deberíamos elegir como una líder. Por los últimos cien años, hemos escogido a candidatos por su afiliación partidaria. Aunque no está mal preferir a una candidata de un partido que tiene las mismas opiniones que nosotros, es imprudente votar por alguien solamente porque viene de "mi partido". Una candidata puede ser una buena líder si tiene un *ethos, pathos* y *logos* encomiable, a pesar de su afiliación a un partido. Por lo tanto, para poder encontrar buenos líderes, sugiero que durante los tiempos de elección se debería hacer una lista de candidatos a quienes creemos cualificados; luego deberíamos evaluar el trasfondo de cada uno de esos candidatos, lo más profundo posible. Mientras que los examinamos, deberíamos preguntarnos lo siguiente: ¿Cómo eran los candidatos antes de empezar su campaña? ¿Cómo se comparan con ahora? ¿Cómo han demostrado su *ethos*? ¿Cómo han enseñado su *logos*? ¿Cómo han presentado su *pathos*? Si nosotros, los votantes, encontramos a un candidato o una candidata que tiene un *ethos, logos* y *pathos* virtuoso, deberíamos elegirlo como nuestro líder, sin duda. Aunque ningún candidato o candidata va a tener un *ethos, logos* y *pathos* perfecto, tenemos que votar por el que tiene lo más encomiable de estos tres en comparación con los demás candidatos.

No solo necesitamos modificar como evaluamos a nuestros candidatos, sino también necesitamos saber cómo interactuar con los que ya son líderes. Por esta razón, necesitamos reevaluar si estamos haciendo que nuestros líderes rindan cuenta de sus actos. Una de las vías principales que usamos para hacer esto es el sistema de votación, pero es inadecuado. Esta vía no soluciona el problema de corrupción y del mal manejo de poder, porque, como la votación ocurre cada cuatro años para las posiciones principales, no tenemos una manera de pasar juicio sobre estos líderes mientras que están en el gobierno. Por esta razón, si incorporamos algunas revisiones al sistema de votación, podríamos asegurar mejor que nuestros líderes sean responsables. Como ejemplo, podríamos cambiar la duración de los términos gubernamentales o reestructurar cómo se cuentan los votos. Incluso podemos introducir tales revisiones por un tiempo experimental para poder determinar si beneficiaran el sistema de gobierno o no.

Aunque reestructurar el sistema de votación podría hacer un cambio positivo, hay otras revisiones que nos ayudarían a obligar a que los líderes rindan cuentas a sus ciudadanos. Por ejemplo, una entidad, que pienso que lograría este objetivo, es lo que llamo un jurado fiscalizador.[ñ] [o] Los miembros del jurado fiscalizador serían residentes del país, los cuales serían líderes en sus respectivas áreas dentro de la fuerza laboral (por ejemplos, contables, dueños de negocios, gerentes del

---

[ñ] En muchos aspectos el jurado fiscalizador sigue la estructura de un jurado de la corte. Es más, sigue el modelo de lo que es conocido como la asamblea ciudadana. Compara el concepto del jurado fiscalizador con Hilary Pearse y Mark Warren, eds., *Designing Deliberative Democracy: The British Columbia Citizens' Assembly, Theories of Institutional Design* (Cambridge, UK: Cambridge University Press, 2008). También compara este concepto con "We the Citizens: Speak up for Ireland", We the Citizens, acceso el 28 enero de 2020, http://www.wethecitizens.ie/wp -content/uploads/2015/05/We-the-Citizens-2011 -FINAL.pdf.

[o] Para que este jurado pueda cumplir su propósito, tiene que ser establecido sin la iniciativa y participación de la rama ejecutiva.

sector agrícola, doctores, profesionales de instituciones educativos superiores, administradores de organizaciones sin fines de lucro, etc.). Después de mencionar que están dispuestos a servir como fiscalizadores(as), serían incluidos en un grupo aparte del resto de la población donde serían escogidos al azar.[p] [q] El objetivo del jurado es examinar la manera que la administración ejecutiva maneja el gobierno. Un jurado fiscalizador se uniría para completar su objetivo cada uno o dos años, a la mitad del término de la administración.[r] Después de analizar la rama ejecutiva, un

---

[p] Se puede suponer que, porque los líderes de la fuerza laboral tienen habilidades que les podrían ayudar a examinar el desempeño de la rama ejecutiva, son candidatos favorables para participar en un jurado fiscalizador.

[q] Los miembros de cada jurado sucesivo estarían apuntados conforme a este patrón.

[r] Si los miembros del jurado son escogidos al azar, la rama ejecutiva no debería de poder de sobornar cada uno de estos miembros. Adicionalmente, examinando a la administración ejecutiva anual o bianual, miembros del jurado deberían de mantener los líderes responsables a beneficio del país. A la vez, miembros serían mantenidos responsables a ejecutar sus deberes por causa de penalidades por infracciones como soborno, robo y engaño caprichoso.

jurado fiscalizador traería los datos más relevantes ante el pueblo. Si el jurado y el pueblo se ponen de acuerdo que miembros de la administración ejecutiva no han estado actuando competentemente y éticamente, el jurado y el pueblo pueden traer su veredicto ante el Congreso de Puerto Rico para que los que sean culpables de negligencia o malicia puedan ser removidos de su puesto y en seguida sufrirán penalidades. Luego podríamos tomar pasos para poner a los individuos con un *ethos*, *logos* y *pathos* más laudable en los puestos vacíos.

Además de cambiar la manera que interactuamos con nuestros oficiales, tenemos que cambiar la manera que interactuamos con nuestro gobierno. Tristemente, no hacemos evaluaciones personales de nuestro gobierno, sino basamos nuestras opiniones del gobierno en las opiniones de familiares, amigos, periódicos y otros medios de comunicación. Algunos de nosotros asumimos que, como el gobierno fue establecido sin nosotros, debería de correr sin problemas, sin nosotros. El gobierno nos ha beneficiado mucho; sin embargo, no podemos ignorar el hecho de que el gobierno necesita revisiones regularmente. Vamos a tener momentos donde vamos a descubrir áreas que van a necesitar ser modificados o enmendados. Por lo contrario, muchos de nosotros pensamos que no podemos cambiar el sistema gubernamental. Hemos cuestionado: "¿Cómo es posible para nosotros, la gente común, influenciar nuestro gobierno?" Sin embargo, por primera vez en nuestra historia hicimos algo inolvidable: nosotros, el pueblo de Puerto Rico, causamos la renuncia de uno de nuestros gobernadores. La renuncia de Ricardo Rosselló nos demostró que tenemos el poder de influenciar nuestro gobierno drásticamente. Cuando nos congreguemos determinadamente, promovemos el cambio.

Al mismo tiempo, muchos de nosotros somos trabajadores, listos para actuar, pero pensamos: "¿Qué deberíamos hacer para mejorar el sistema de gobierno?" Antes de contestar esto, tenemos que recordarnos del propósito del gobierno que es: proteger a los ciudadanos, respetar los derechos de los ciudadanos y buscar el bienestar de la nación. Por lo tanto, deberemos notar que el papel del gobierno no es regalar dinero a los ciudadanos o dar beneficios a personas sin requerirlos a trabajar. El gobierno sí puede ayudar a los ciudadanos durante tiempos turbulentos, pero nadie debería asumir que el gobierno le dará regalías indefinidamente, ya que todos tenemos el deber de mantener el bienestar de nuestro país.

Entonces, ¿qué deberíamos hacer para poder mejorar el sistema gubernamental? Deberíamos comparar qué hace el gobierno actualmente con lo que debe estar haciendo. También tenemos que verificar si el gobierno puertorriqueño y estadounidense está promoviendo el bienestar del pueblo de Puerto Rico. Pregúntense, ¿algunos de nuestros derechos están siendo rechazados? ¿Nuestras leyes restringen nuestros derechos o los suprimen? ¿Nuestro gobierno está haciendo leyes que desarrollan al país? Piensen en estas preguntas. Ténganlas en mente mientras que analicen las leyes y pólizas del gobierno, y si estas les confunden, deben buscar a otros que sepan cómo interpretarlas adecuadamente; después de todo, nuestra fuerza se encuentra en la comunidad y no en el individuo. Por lo tanto, no deberíamos tener miedo en interactuar con otros ciudadanos para poder informarnos y ayudarnos a entender las piezas internas del gobierno.

Si, después de hacer una evaluación, encontramos que nuestro sistema gubernamental está corrupto o anticuado, deberíamos revisarlo. Incluso la Declaración de Independencia de los Estados Unidos aprueba tal esfuerzo. Declara: "Cuando una forma de gobierno se vuelve destructiva de estos fines [es decir, los derechos de vivir, ser libre, y buscar felicidad], es el derecho del pueblo a alterarla o abolirla, e instituir un gobierno nuevo".[178] Pienso que nuestro gobierno se ha vuelto corrupto y anticuado; por lo tanto, creo que la responsabilidad de reestructurar el gobierno cae sobre los puertorriqueños de hoy para que el gobierno promueva el bienestar de nuestra nación y nos ayude a desarrollarnos como un país.

Como ciudadanos, tenemos un papel pesado, pero importante. Si no cambiamos la manera de como vemos nuestra historia, fracasamos en conocernos y en llevar a Puerto Rico a la prosperidad. Además, si no cambiamos la manera en que interactuamos con nuestros líderes y gobierno, pensarán que

---

[178] Thomas Jefferson, et al., THE DECLARATION OF INDEPENDENCE (DECLARACIÓN DE INDEPENDENCIA) párr. 2 (EE.UU. 1776).

les hemos retirado nuestro poder y, por lo tanto, no tienen que ser juzgados por lo que hacen. Debemos hacerlos reconocer que no hemos renunciado ni siquiera una onza de poder. Seguiremos demostrando nuestro poder cuando sea necesario. Ya hemos enseñado nuestra fuerza, cuando desalojamos a Ricardo Rosselló, y deberíamos mostrarlo de nuevo si nuestros líderes nos oponen injustificablemente. Ellos nos deberían temer, cuando buscan solamente sus propios intereses. Sin embargo, no deberíamos hacer un hombre o mujer renunciar de su posición gubernamental sin tener en mente a otra persona más encomiable para sustituirlo. También si oponemos una ley, necesitamos promover otra mejor para reemplazarla. Una muestra de fuerza puede precipitar una revuelta, pero solo un valor perdurable puede causar cambios perdurables. Y es con este valor perseverante que conseguiremos los resultados que esperamos.

Tenemos que levantar a Puerto Rico. En el tiempo actual, estamos en un limbo de dudas. Sentimos que Puerto Rico se va a caer en ruinas. ¿Por qué? Porque no tenemos esperanza para nuestra isla. Es por esta razón por la que muchos la han abandonado. Han huido a la hermosa América con sus manos abiertas, quien promete alivio y una vida de reposo. Pero ¿cómo es posible que estamos abandonando a nuestra madre Borinquen por otra? En vez de abandonar nuestra patria, ¿la podemos salvar? ¿Podría ser que salvando a nuestra isla y reanimando nuestra esperanza tienen la misma solución? Pienso, con todo mi corazón, que revisando la manera en que nosotros, los puertorriqueños, vemos nuestra historia nacional, líderes y gobierno es el primer paso para resolver no solo la depresión actual de la isla, sino también el patrón terrible de depresiones. Si nos juntamos a esta iniciativa estamos un paso más cerca de salvar a nuestra isla.

¡Despierta, Puerto Rico! ¡Despierta!